경제머리가 필요한 순간

경제머리가 필요한 순간

돈의 흐름이 읽히는 가장 쉬운 경제 공부

한진수 지음

추수밭

경제머리에 필요한 공부는
1인치 정도면 충분하다

"1인치 정도 되는 자막의 장벽을 뛰어넘으면, 훨씬 더 많은 영화를 즐길 수 있습니다."

봉준호 감독이 골든글로브 외국어영화상을 받은 뒤에 했던 수상소감이다.

어디 영화뿐이랴. 경제도 마찬가지다. 보통 사람들이 일상생활을 하는 데 필요한 경제 지식은 경제학자들에게나 요구되는 복잡한 수식이나 그래프, 장황한 논증으로 도달해야 할 거대한 산 같은 것이 아니다. 주변에서 일어나는 경제 현상이 자신에게 미칠 영향을 이해하고, 돈과 관련한 의사결정을 합리적으로 하는 데 필요한 경제 지식은 '1인치(이 책의 두께)' 정도에 불과하다.

　용기를 내서 한 발자국만 성큼 내딛으면 된다. 충분히 극복 가능한 장벽이다. 그럼에도 많은 사람이 '경제'라는 말만 들어도 지레 겁을 먹고 이 1인치에 도전하지 않는다. 장벽을 뛰어넘을 시도조차 해보지 않고 경제가 어렵다며 스스로 '경알못' 또는 '경제문외한'이라고 선언한다.

　그러나 아무리 경알못이라 해도, 최근 들려오는 여러 소식들은 경제 공부의 필요성을 더욱 높이고 있다. 서민들이 체감하는 물가 상승의 폭은 해를 거듭할수록 증대하고, 불황이 지속되면서 일자리의 안정성이 위협받고 있으며, 젊은이들은 '영끌' 또는 '빚투'라는 신조어가 만들어질 정도로 대출을 해가면서까지 금융자산에 투자한다. 이런 때일수록 경제의 큰 그림을 그려나가면서 전반적인 돈의 흐름을 이해하고, 상황에 따라 유연하면서도 실속 있게 대처하는 '경제머리'의 지혜가 필요하다.

　경제와 친해지고 싶어도 엄두를 내지 못했던 사람들이 경제 공부에 첫발을 내딛고, 누구에게나 잠재되어 있는 '경제머리'를 끄집어내고 활용하게끔 돕고 싶은 마음에 이 책을 썼다. 숫자에 약한 문과생들도, 아직 경제생활에 뛰어들기 겁이 나는 사회초년생들도, 그리고 독립적으로 삶을 꾸려나가는 데 필요한 경제 지식을 배워야 하는 청소년들도 이해할 수 있도록 최대한 쉽고 친절하게 설명했다. 또한 경제 원리와 경제 현실을 최대한 접목

함으로써 실용성을 강조했다.

"돈이 많으면 왜 좋을까?" 같은 기초적인 질문부터 매일 우리네 점심값을 결정하는 물가 문제, 사업이나 대출의 여부가 결정되는 시장과 금융, 나의 경제적 자유를 늘려줄 증권과 부동산에 이르기까지 누구나 실생활에서 필요로 하는 알짜배기 경제 질문들과 그에 대한 답을 담았다. 꼬리에 꼬리를 무는 질문과 그에 대한 답을 구하다 보면 경제의 큰 그림은 물론이고 경제적 의사결정에 필요한 구체적인 팁까지 얻을 수 있을 것이다.

자신의 경제 문제를 혼자 힘으로 풀어보고, 세상을 경제적으로 보는 안목을 키우려는 사람들에게 용기와 자신감을 주는 한 권이 되길 바란다.

2024년 2월
한진수

(차례)

5장   증권

돈

1장

세상에 돈이 사라지면
근심 걱정도 사라질까?

돈 때문에 많은 문제가 생긴다. 그놈의 돈 때문에 고통받는 사람도 부지기수다. 누구는 돈이 없어서 걱정인데, 돈이 많아서 고민인 사람도 있다. 사실 우리가 겪는 근심과 걱정 대부분은 돈 때문이라고 해도 과언이 아니다. 그렇다면 세상에서 돈이 사라지면 사람들의 근심 걱정 역시 사라지고 모든 사람의 마음에 행복과 평화가 깃들까?

그렇지 않다. 내 주머니에, 모든 사람의 주머니에 돈이란 게 없는 세상을 그려보자. 아침에 일어나 출근하려는데 버스 요금을 낼 수 없다. 버스 요금을 낼 사람이 없으니 버스가 운행할 리 없다. 점심으로 김치찌개를 먹으려면 쌀이나 배추를 가져가야만

한단다. 이 조건에 맞춰 점심을 해결할 수 있는 사람은 극소수다.

모든 일이 이런 식이다. 돈이 없는 세상에서는 스스로 원하는 물건을 구해야 한다. 필요한 일이 있다면 직접 해결해야 한다. 배가 고프면 농사를 지어 쌀과 채소를 재배하고, 추우면 직접 옷을 만들어 입어야 한다.

기껏해야 물물교환으로 필요한 것을 구할 수 있다. 물물교환이 얼마나 불편한지는 새삼 말할 필요도 없다. 생활이 극히 제한되고 단조로워진다. 다른 사람이나 다른 사회와의 교류도 원활하게 이루어지지 않는다. 바로 원시 사회의 모습이다. 돈 없는 원시 사회로 돌아가고 싶은 사람은 아마 없을 것이다.

돈, 가장 위대한 발명품

인류는 자급자족 시대에서 물물교환 시대를 거치며 지금 같은 화폐경제 시대로 진화해 왔다. 돈으로 필요한 물건을 사고, 급한 일이 있으면 전문가를 불러 서비스를 받은 뒤 그 대가로 돈을 주면 되는 세상이 바로 화폐경제다. 그래서 돈은 매우 고맙고 소중한 존재라고 해도 과언이 아니다. 한마디로 우리 일상생활을 매우 편리하게 해준다. 내가 원하는 때 필요한 재화나 서비스를 얻은 후 반대급부로 돈을 내면 거래가 마무리된다. 바로 어제 번 돈도 좋고 10년 전에 번 돈이라도 문제없다.

경제학자들이 돈을 인류의 3대 발명품 가운데 하나로 꼽는 이유가 여기에 있다. 불과 바퀴가 나머지 두 개의 발명품이다. 불과 바퀴가 인류 역사를 바꾼 위대한 발명품이라는 데 대부분 동의하겠지만, 세 번째 발명품이 돈이라는 데는 다소 이견이 있을 수 있다. 사람마다 다르겠지만, 적어도 경제학자들은 이에 동의하는 편이다.

돈을 어떻게 벌까?

돈이 고맙다는 말은, 그 돈이 나한테 있을 때나 통한다. 당장 내 주머니에 돈이 없다면 먹고 싶은 것도 먹지 못하고, 원하는 여행도 하지 못한다. 돈의 고마움을 누리려면 주머니에 돈이 있어야 한다. 주머니에 돈을 넣는 방법에는 크게 세 가지가 있다.

첫 번째, 다른 사람에게서 받는다. 부모가 주는 용돈부터 시작해서 증여나 상속 따위가 있다. 때로는 정부가 이런저런 이름의 지원금을 주기도 한다.

두 번째, 은행 같은 금융회사나 주위 사람에게서 돈을 빌린다. 하지만 언젠가는 이자와 함께 더 많이 갚아야 한다는 부담이 생긴다.

세 번째, 스스로 돈을 번다. 일을 해서 돈을 버는 것으로 사람들이 돈을 얻는 가장 보편적이고 떳떳한 방법이다.

오늘날 경제는 고도로 분업화 및 특화되어 있어서 일하는 방법과 형태도 다양해졌다. 가장 많은 사람이 일하고 있는 형태는 다른 사람이 만든 회사에 취업해서 일을 하는 것이다. 이런 방식으로 일하고 버는 돈을 '근로소득'이라고 한다.

스스로 회사를 만들어 일하는 형태도 가능하다. 번듯한 사옥이 있고 매출이 수천억 원에 이르는 큰 기업도 있지만, 혼자서 운영하는 작은 가게도 회사다. 꼭 회사가 아니더라도 자신의 재주나 기술을 활용한 일도 가능하다. 이런 방식으로 버는 돈이 '사업소득'이다.

어떻게 돈이 돈을 벌까?

근로소득이든 사업소득이든 돈을 모아 부를 형성한 사람에게는 돈을 벌 수 있는 방법이 하나 더 생긴다. 여윳돈을 굴려 돈을 버는 방법이다. 이렇게 해서 버는 소득을 '재산소득'이라고 한다.

재산소득에는 여러 종류가 있다. 대표적으로 여윳돈을 은행에 맡기고 받는 이자가 있다. 회사가 발행한 채권을 사서 받는 이자나 회사 주식을 사서 받는 배당금이나 시세 차익도 재산소득에 속한다. 여윳돈으로 땅, 건물, 주택 같은 부동산을 사서 받는 임대료나 월세도 재산소득이다.

돈을 버는 방법으로서 재산소득의 역할은 남다르다. 근로소득을 벌면서 동시에 사업소득을 버는 건 힘들다. 이론적으로는 가능하지만, 하루 24시간을 쪼개야 하므로 현실적으로는 한 가지 소득만 가능하다. 하지만 재산소득은 다르다. 본업으로 근로소득이나 사업소득을 벌면서 동시에 재산소득도 벌 수 있다. 회사에서 일하는 순간에도 은행에서 또는 채권에서 이자가 자동으로 불어난다. 시세 차익도 마찬가지다. 한 달이 지나면 꼬박꼬박 월세가 통장에 들어온다. 일하는 시간이나 잠자는 시간을 쪼갤 필요가 없다.

재산소득은 한마디로 돈이 스스로 일하게 만들어 버는 소득이다. 직업을 여러 개 갖는 셈이며, 특별한 자격증이 필요하지도 않다. 나이 제한도 없다. 여윳돈만 있으면 된다.

이처럼 분명하고 간단한 방법을 실천하지 못하는 사람이 많다. "돈은 결코 잠들지 않는다Money never sleeps"는 유명한 말이 있다. 자본주의 세상에서 현명하게 지내려는 사람이 꼭 명심해야 할 말이다. 내가 잠자는 동안에도 다른 누군가가 내 돈을 열심히 불리게 한다면 돈 걱정을 하지 않아도 된다.

돈이 있으면
왜 좋을까?

뻔한 질문이라고 여기지 말고, 왜 돈을 벌려고 하는지 생각해보자. 돈을 버는 이유와 목적, 그러니까 왜 돈을 버는지 무엇을 위해서 버는지 스스로 답할 수 없다면, 돈의 노예가 되고 다른 사람들의 눈에 '돈밖에 모르는 존재'로 비친다.

돈이 있으면 좋은 이유는 돈으로부터 자유로워지기 위해서다. 이른바 '경제적 자유'를 누릴 수 있다. 욕구를 위해 돈을 버는 경제 활동을 할 자유이자 일을 하지 않아도 될 자유이다.

경제적 자유는 선택의 자유뿐 아니라 선택의 폭도 넓힌다. 재화나 서비스를 살 때나 여행을 다닐 때 고를 수 있는 선택지가 많아지고 범위가 넓어진다. 선택지가 늘어나므로 일반적으로 효용이 더 큰 선택이 가능해진다. 그래서 돈이 없는 사람보다는 돈이 있는 사람이 인생을 더 만족스럽게 여길 가능성이 훨씬 크다.

돈이 많으면 가치 있다고 생각하는 일을 소신껏 할 수 있다. 하고 싶지 않은 일은 하지 않을 자유도 생긴다.

돈은 경제적 안전도 가져다준다. 사람의 삶은 불확실성의 연속이다. 출근하다가 교통사고를 당하기도 하고, 보금자리에 불이 나는 경우도 있다. 신이 아닌 이상 이런 불행 자체를 피할 수는 없다. 하지만 돈이 있다면 피해를 보상받거나 복구하고 안전한 삶을 회복할 능력이 생긴다.

돈은 자신감도 심어준다. 자신감이 있는 사람이 없는 사람보다 생산성이 높으며, 성공 가능성도 크다. 부자인 사람들에게 특별한 비법이 있어 보이지만, 그런 비법은 없다. 굳이 말하자면 자신감이 비법이다. 자신감 덕분에 하는 일이 잘되고 경제적 성취로 이어져 부자가 되는 셈이다.

어느 텔레비전 프로그램에 평범한 사람으로서는 상상하기조차 힘든 일을 하는 사람이 소개된 적이 있다. 마라톤 선수가 꿈이었지만 가난한 집안 형편에 먹고살 돈이 없어서 마라톤을 포기하고 그 힘든 일을 직업으로 택했다고 한다. 다시 태어나면 마라톤 선수가 되고 싶다고 말하는 그의 모습은 많은 사람의 눈가를 적셨다. 이처럼 돈은 자아실현의 수단이기도 하다. 소박하든 원대하든 꿈을 달성하려면 돈이 필요하다.

나를 지켜줄 최후의 보루는 가족과 돈뿐이라는 말이 있다. 돈 외에 우리를 둘러싸고 있는 수많은 것이 영원할 것 같지만 상황이 바뀌면 언제든 물거품처럼 사라진다. 일종의 신기루나 마찬가지다. 더 나아가 소중한 가족을 지켜줄 수 있는 것 역시 돈이다.

세상일은 돈으로 시작해 돈으로 끝난다고 해도 과언이 아니다. 인간관계도 돈이 없으면 모래 위의 집과 같다. 돈이 없으면 오라는 곳도 없으며 갈 곳도 없다.

지폐는 언제부터 돈이 되었나?

이처럼 중요한 역할을 하는 돈은 오늘날 종이로 만들어진다. 그래서 지폐, 종이돈이라고 부른다. 정확히는 종이와 면을 합해서 만드는데, 종이로만 만들면 방수가 안 되고 쉽게 찢어지기 때문이다.

종이돈의 시초는 중국이다. 철로 만든 주화를 들고 다니기에 불편하고 무겁다고 느낀 중국인들은 주화를 안전한 곳에 맡기고 비전飛錢이라는 종이 보관증을 받았다. 당나라 때의 일이다. 주화에 비해 훨씬 가볍다는 점에서 '날아다니는 돈'이란 뜻의 비전은 돈으로 인정받지는 못했다. 비전으로 물건을 직접 살 수는 없었기 때문이다.

최초의 지폐로 인정받은 것은 11세기 송나라에서 발행한 교자**다. 타인에게 양도 가능했고, 주화로 바꿀 수도 있었다. 단, 유효 기간이 있어서 이 기간이 지나면 가치가 사라지는 한계는 있었다. 이후 원나라와 명나라가 연이어 지폐를 발행하면서 지폐가 본격적으로 세상에 유통됐다. 유럽에서는 한참 뒤인 17세기에 스웨덴이 최초로 지폐를 발행했다.

지폐의 가치는 누가 보장하나?

당시에는 지폐를 언제든지 금이나 은으로 바꿀 수 있었으므로 사람들은 무거운 주화 대신 가벼운 지폐를 애용했다. 이처럼 금이나 은으로 바꿀 수 있는 지폐를 '태환 지폐'라고 한다.

지폐에 적힌 액면 가치를 금화 기준으로 정해놓고 언제든지 금화로 교환해 주는 것을 '금본위 제도'라고 한다. 액면 가치를 은화로 정하면 '은본위 제도'가 된다. 태환 지폐를 발행하려면 정부는 그만큼의 금이나 은을 확보하고 있어야 한다. 이런 제도에서는 돈을 마음대로 발행할 수 없다는 뜻이다.

지금 우리가 쓰고 있는 지폐는 한국은행에서 금이나 은으로 교환해 주지 않는 '불태환 지폐'다. 금화나 은화로 교환할 수 없는 돈이다. 그렇다면 지폐는 한낱 종이에 불과한데, 어떻게 5만 원권을 가지고 5만 원에 해당하는 옷이나 과일을 살 수 있을까? 왜 상인은 종이돈을 받으며 귀한 옷이나 과일을 내줄까?

법 때문이다. 오늘날의 종이돈은 국가가 권위와 법으로 가치를 공인하고 돈으로 사용하도록 강제하고 있다. 그래서 거래를 할 때 국가가 발행한 돈을 거부할 수 없다. 이런 돈을 '법화法貨'라 한다.

한국은행법 제48조: 한국은행이 발행한 한국은행권은 법화로서 모든 거래에 무제한 통용된다.

국가가 또는 한국은행이 법으로 지폐의 가치를 공인한다고 하지만, 국가도 어쩔 수 없는 경우가 있다. 인플레이션이 발생할 때다. 인플레이션이 발생하면 국가가 보는 앞에서 지폐의 가치가 떨어진다. 인플레이션 소식이 들리면 한국은행이 온갖 수단을 동원해 물가를 안정시키려는 이유가 여기에 있다.

돈은 왜
돌고 도는 걸까?

인간은 욕구의 동물이다. 크고 작은 욕구를 채우려고 끊임없이 경제 활동을 한다. 욕구를 채우려고 재화나 서비스를 돈을 주고 구매하는 활동이 '소비'다. 소비가 가능하려면 대상이 되는 재화나 서비스가 있어야 하는데, 이런 재화나 서비스를 만들고 공급하는 활동이 '생산'이다.

생산 활동을 하는 주체는 기업이다. 혼자서 생산하는 1인 기업도 존재하지만, 대개는 다른 사람들을 고용해 일을 시키고 반대급부로 월급을 준다. 이 활동을 '분배'라고 한다. 일한 대가로 분배받은 돈은 그 사람의 소득이 되고, 이 소득 가운데 일부를 가지고 소비한다. 소비한 돈은 기업으로 흘러가 다시 누군가에게

경제 활동의 순환

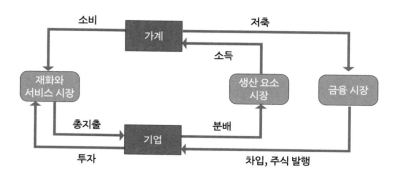

월급으로 분배된다. "돈은 돌고 돈다"는 말은 여기서 비롯한다. 경제 활동은 이런 일들의 연속이자 반복이다. 이를 '경제 활동의 순환'이라고 한다.

물론 이게 전부는 아니다. 기업이 생산을 더 많이, 더 효율적으로 하려면 공장을 새로 짓거나 장비를 추가로 구매하는 등 투자도 필요하다. 기업은 투자에 필요한 자금을 구하기 위해 금융 시장 문을 두드리는데, 금융 시장의 돈은 저축에서 나온다.

경제 성장이 중요한 까닭은?

인구가 증가한 만큼 사람들의 욕구도 새롭고 다양해졌다. 그래서 점점 더 많은 그리고 더 다양한 재화와 서비스를 원하게 된다. 사람들의 새로운 욕구를 충족시키려면 경제 활동의 규모가 커지고 경제가 성장해야 한다.

경제가 성장하면 생산하고 소비하는 재화나 서비스가 많아지고 다양해진다. 또한 고용이 늘어나고 분배 규모도 확대된다. 그 결과 사람들의 경제생활이 풍족해진다. 단순히 소득과 생활 수준만 높아지는 게 아니다. 문화와 여가 생활을 누릴 가능성이 커지고 교육 수준도 높아진다. 의료 서비스의 질이 개선되고 평균 수명이 늘어 삶의 질이 개선된다. 따라서 경제 성장은 국가를 유지하고 국민의 복지를 향상하기 위한 핵심 과제이다.

중국이나 북한도 경제 성장에 목을 맨다. 경제가 성장하지 않으면 민심이 흔들리기 때문이다. 이처럼 경제 성장의 중요성은 경제 체제를 가리지 않는다.

경제가 성장한다는 건 시장이 다양해진다는 뜻이기도 하다. 전에는 없던 재화나 서비스가 거래되는 시장이 생긴다. 가령 배달 시장, 리셀 시장, 대리운전 시장, 반찬 배송 시장, 생활 빨래 시장 등은 매년 빠르게 몸집을 불리고 있다.

"수요가 공급을 창조한다"는 말이 있는 것처럼 사람들이 원하는 재화나 서비스가 있으면 어느샌가 그것을 거래하는 시장이 나타난다. 새로운 시장이 등장한 덕분에 우리는 한층 편리한 생활을 누린다.

가격과 물가

2장

기업만 가격을
정하는 걸까?

시장에는 물건을 사려는 수요자와 팔려는 공급자가 가격을 놓고 힘겨루기를 한다. 수요자는 이왕이면 낮은 가격으로 사서 이득을 더 많이 얻으려 한다. 가격이 0원에 가까워질수록 유리해진다. 공급자는 이왕이면 높은 가격을 받아서 많은 이익을 얻으려 하므로 가격이 비싸질수록 좋다.

이처럼 수요자와 공급자가 추구하는 목표는 상극이다. 양쪽의 상반되는 이익이 어떻게 하나의 가격을 이루고 평화롭게 거래로 이어질까?

딸기를 예로 생각해 보자. 딸기 한 상자(1kg)를 1천 원에 사고 싶은 수요자는 매우 많다. 하지만 실제로 이 가격에 딸기를 사는 수요자는 없다. 수지타산이 맞지 않아 딸기를 시장에 팔려는 공급자가 없어서 그렇다. 수요량은 엄청나게 많은데 공급량이 0이다. 어떤 수요자도 딸기를 먹을 수 없다.

수요량이 많으면 어떻게 될까?

수요량이 공급량보다 많은 걸 '초과 수요'라고 한다. 초과 수요 문제를 해결하는 게 가격이다. 딸기 가격이 오른다. 수요자는 내야 하는 돈이 많아져 아깝지만, 딸기를 먹으려면 어쩔 수 없다.

이제 딸기 가격이 올라 1만 원이 되었다고 하자. 딸기가 비싸진 탓에 수요자 일부는 딸기 구매를 포기한다. 딸기를 그렇게까지 많이 좋아하지 않는, 이를테면 딸기에서 1만 원의 효용을 얻지 못하는 수요자들이다. 이들은 딸기 대신 다른 과일을 산다.

이처럼 어느 재화든 가격이 오르면 수요량은 줄어들기 마련이다. 이게 '수요의 법칙'이다. 반대로 가격이 내리면 수요량이 증가한다.

가격이 1만 원이 되자 시장에 딸기가 공급된다. 이윤이 많지는 않아도 이만큼이라도 벌겠다는 공급자가 생겨난 덕분이다. 이게 '공급의 법칙'이다. 가격이 오르면 공급량이 증가한다는 말이다. 반대로 가격이 내리면 공급량이 감소한다.

하지만 가격이 1만 원이어도 여전히 수요량이 공급량보다 많아 초과 수요 상태가 완전히 해소되지 않는다고 하자. 딸기 가격이 계속 오른다. 수요량은 또다시 감소한다. 딸기 두 상자를 사려던 사람도 이제는 한 상자만 산다. 동시에 공급량은 더 증가한다. 딸기를 공급하면 이윤이 더 많아지기 때문이다.

가격이 2만 원이 되면 수요량과 공급량이 같아져 초과 수요현상이 사라진다. 딸기 수급이 딱 맞아 균형을 이루니 가격이 더 이상 오르거나 내릴 이유가 없다. 이런 상태에 있는 가격을 '균형가격'이라고 한다. 시장에서 가격이 결정되었으므로 시장 가격, 줄여서 시가라고 하기도 한다.

가격은 힘이 센 특정인이 힘의 논리로 정하거나 정부가 법으로 강제로 정하는 게 아니다. 시장에서 수요와 공급의 상호작용에 따라 결정된다.

가격은 왜 계속 변할까?

딸기 시장에서 이루어진 균형은 영원히 유지되지 않는다. 날씨가 나빠지거나 계절이 변하면 딸기 공급이 감소한다. 그러면 균형이 깨진다. 다시 수요량이 공급량보다 많아지는 불균형 상태가 나타나며 딸기 가격이 오른다. 깨진 균형이 회복된, 새 균형에서의 딸기 가격은 이전 가격보다 비싸다.

반대로 딸기를 재배하는 농가가 많아져 딸기 공급이 증가하는 경우도 있다. 수요량보다 공급량이 많아지면서 역시 균형이 깨진다. 초과 공급 상태다. 그러나 딸기 가격이 내리면서 새 균형에 이른다.

어떤 상태가 되든, 어떤 충격이 발생하든 시장에서 수요자와 공급자의 상반된 욕구가 가격에 의해 조화를 이루며 양쪽 모두 암묵적으로 합의하는 거래가 이루어진다. 이는 마치 운동 경기와 같다. 양쪽 팀은 서로 최선을 다하고 치열하게 다툰다. 그리고 경기가 끝나면 선수들은 악수를 하는 등 서로 존중하고 훌륭한 경기였음에 만족한다. 각자 공정한 규칙에 따라 최선을 다했기 때문이다.

기업이 가격을 마음대로 정할 수 있을까?

흔히 기업이(공급자가) 독단적으로 가격을 정한다고 생각하는 사람들이 많다. 이를테면 여행을 위해 숙박 애플리케이션을 검색할 때마다 호텔 측이 제시한 객실 요금을 확인할 수 있다. 항공권 요금도 그렇다. 마트에 가면 진열대에는 어김없이 마트가 정한 가격표가 붙어 있다. 주유를 할 때도, 식당에서 음식을 먹을 때도 모두 공급자가 원하는 가격이 있을 뿐이다.

소비자가 하는 일은 가격을 보고 소비할 것인지 말 것인지를 정하는 것이다. 그리고 만약 소비한다면 몇 개를 소비할 것인지

정할 뿐이다. 이를 놓고 보면, 소비자는 가격 결정 과정에 아무런 힘을 발휘하지 못하는 존재로 보인다. 하지만 이는 겉으로 드러난 현상일 뿐이다. 기업은 혼자 가격을 결정하지 않는다. 기업은 소비자의 수요를 무시한 채 가격을 정할 수 없다.

호텔 객실 요금을 생각해 보자. 이윤을 많이 남기고 싶은 호텔은 허름한 객실의 1박 요금으로 1천만 원을 받고 싶을 것이다. 그러나 이런 요금을 요구하는 호텔은 없다. 아무도 이 객실을 선택하지 않기 때문이다. 손님이 오게 하려면 호텔은 객실 요금을 낮춰야 한다. 어느 수준까지? 객실에 대한 수요가 충분히 생길 때까지다.

그 결과, 예를 들면 하루에 10만 원이라는 객실 요금이 산정된다. 이 요금은 객실의 공급과 객실에 대한 수요가 모두 반영된 산물이다. 단지 편의를 위해 호텔이 가격을 먼저 제시하고 있을 뿐이다.

경매로 가격을 정하면 되지 않을까?

그렇다면 왜 기업이 일방적으로 가격을 정해서 제시할까? 교과서에서 이야기하는 것처럼 수요자와 공급자가 한자리에 모여, 또는 인터넷으로 가격을 논의하고 결정하면 좋지 않을까? 물론 이 방법도 가능하다. 경제 규모가 작고 거래가 많지 않은 시장이라면 이런 식으로 가격을 결정하고 거래할 수 있을 것이다. 하지만 경제 활동이 다양해지고 인구가 많아지면서 이런 식의 가격 결정은 매우 번거롭고 힘든 일이 되었다.

아침에 출근하는 사람들과 버스회사들이 모여 버스 요금을 협상하고, 카페에서 라떼 가격을 협상하고, 미용실과 파마 요금을 협상해야 한다? 거래할 때마다 가격을 협상한다면 하루 24시간이 부족할 것이다. 매우 비효율적이다. 그래서 대신 기업이 가격을 먼저 고시하고 소비자는 그 가격이 마음에 들면 소비하는 방식으로 거래하는 것이다.

반대로 소비자가 가격을 제시하면 기업이 그 가격을 보고 공급 여부를 결정하는 방식도 가능하다. 인터넷에서 간혹 이루어지는 역경매가 그렇다.

극히 예외적인 사례를 제외하고는 수요자가 가격을 제시하는 방식은 잘 사용하지 않는다. 효율성 때문이다. 소비자의 수는 기업 수보다 훨씬 많다. 그리고 수요는 간헐적으로 나타난다. 매일 머리를 깎거나 매일 호텔에서 잠을 자는 게 아니다. 그러므로 수요자들이 모여 가격을 정하는 방식은 비효율적이다.

5

가격이 없다면
얼마나 좋을까?

시장 경제를 효율적으로 돌아가게 하는 건 정부의 엄격한 명령이나 치밀한 통제가 아니다. 시장에서 자율적으로 정해지는 가격이다. 정부는 소비자에게 딸기 공급에 차질을 빚고 있으니 사과나 귤을 먹으라고 명령할 필요가 없다. 생산자에게 딸기 재배를 대폭 늘리라고 요구할 필요는 더더욱 없다. 소비자와 생산자가 가격을 보고 스스로 알아서 할 일이다.

보행자와 운전자는 신호등의 신호를 보고 움직인다. 그 결과 복잡한 교차로에서도 사고 없이 안전하게 최종 목적지에 도착한다. 소비자와 생산자도 그렇다. 가격이라는 신호를 보고 의사결정을 하면서 이익을 추구한다. 소비자는 '돈 투표money vote'를 통해 좋아하는 상품에 돈을 지출한다.

소비자의 돈 투표를 살펴본 기업은 시장에서 잘 팔리는 상품을 생산한다. 그래야 이윤을 더 높일 기회가 생긴다. 소비자는 가격이 오른 제품의 수요량을 줄이고 대체재를 찾는다. 생활비를 아끼면서 효용을 얻으려고 시도하는 것이다.

물건을 위해서 돈을 낼 의향이 있는 소비자와 의향이 없는 소비자를 정직하게 가려내는 역할을 하는 게 가격이다. 가격 이상의 더 많은 효용을 얻는 사람이 상품을 소비한다.

사익을 추구하며 서로 목표가 다른 생산자와 소비자의 의사결정이 사회를 혼란에 빠뜨리고 경제에 해를 끼칠 것 같지만 사실은 정반대다. 가격이라는 신호를 바탕으로 경제 질서가 유지된다. 시장 경제 개념을 제시한 애덤 스미스Adam Smith는 '보이지 않는 손'의 이끌림을 받아 사익을 추구한 결과 효율성이 높아진다고 했다.

사람들은 단지 자신의 이익을 위해 행동한다. 그러나 이들이 잘 어우러져 하나의 경제를 이루는 것은 '보이지 않는 손'이 각자의 이기심을 조절해서 서로에게 도움이 될 수 있게 하기 때문이다.

애덤 스미스가 말한 '보이지 않는 손'이란 다름아닌 가격이다.

가격이 중요한 까닭은?

만약 가격이 없다면 어떻게 될까? 돈을 낼 필요가 없으니 소비자 천국이 되지 않을까? 누구나 원하는 대로 상품을 실컷 소비할 수 있는 세상이 열릴 것 같다. 그러나 절대 그렇지 않다.

가격이 있는 이유는 상품이 희소하기 때문이다. 희소하지 않은 공기나 바닷물에는 가격이 없다. 사람들이 원하는 상품의 희소성이 해결되지 않는 한, 가격은 없어지지 않는다.

희소한 상품에 가격이 없으면 배분 과정에 대혼란이 발생한다. 서로 상품을 차지하려고 소동이 벌어질 것이고, 모두 다 소비하는 것은 불가능하다. 그렇다면 누가 소비하게 될까? 힘센 사람이 상품을 독차지하는 세상이 될 것이다.

이런 사회는 오래 유지되기 힘들기 때문에 나름대로 소비를 위한 규칙을 정할 것이다. 예를 들어 선착순이나 추첨으로 상품을 배분하는 방법을 고려할 수 있다.

선착순이라는 규칙 아래 스마트폰을 가지려면, 며칠 전부터 공장 앞에서 밤새 기다려야 한다. 해열제도 약국 앞에서 긴 줄을 선 끝에 먹을 수 있다. 얼마나 기다려야 할지는 아무도 모른다. 살아가며 소비해야 할 재화나 서비스가 한둘이 아니니 평생 줄만 서다 인생을 보내는 세상이 될 것이다.

추첨을 한다면 줄 서는 시간은 절약할 수 있지만, 운에 따라 소비 가능 여부가 갈린다. 꼭 필요한 재화임에도 추첨에서 떨어지면 소비할 도리가 없다. 운이 좋은 사람은 여러 상품을 차지하지만, 추첨에서 떨어진 사람은 빈손으로 지내야 한다.

어느 방법도 최선이 아니다. 사회적 혼란과 불만은 불을 보듯 뻔하다. 우리가 이런 혼란을 겪지 않는 건 다 가격 덕분이다. 가격은 희소한 상품을 배분해주는 보이지 않는 역할을 하고 있다. 더 희소한 상품일수록 가격이 비싸지고 수요량이 줄어든다. 덕분에 상품의 배분이 질서 있게 이루어진다.

가격이 터무니없이 낮다면?

가격이 있지만 터무니없이 낮다면 어떻게 될까? 오픈런 현상에서 그 해답을 찾을 수 있다. 특정 브랜드가 출시하는 한정판 신발이나 스페셜 에디션 시계를 생각해 보자. 한정판 상품이므로 극히 제한된 공급량에 비해 원하는 사람이 많다. 그래서 매우 희소하고 초과 수요가 심하다.

가격이 제대로 작동한다면 당연히 한정판 신발의 가격은 비싸다. 그렇지만 비싸게 받을 때 쏟아질 엄청난 비난 때문에 기업은 가격을 실컷 올리지 못한다. 때로는 마케팅 전략의 일환으로 낮은 가격을 유지한다. 그러니 초과 수요가 사라지지 않는다.

전날부터 줄을 선 사람이나 백화점 문이 열리자마자 재빨리 달려갈 수 있는 사람이 한정판 신발을 차지한다. 이렇게 신발을 구매한 상당수는 리셀을 해서 수십만 원의 차익을 얻는다. 원래 그 차익은 신발을 생산하는 기업의 몫이어야 한다. 기업은 이윤이 증가한 만큼 그에 합당한 세금을 낸다. 이것이 시장 경제가 말하는 자원의 효율적 배분이다. 하지만 가격을 올리지 못한 탓에 차익은 리셀을 하는 소비자가 챙긴다. 이들은 정식 사업자가 아니므로 리셀 차익에 대해 한 푼의 세금도 내지 않는다. 제조회사가 비싸게 팔아 세금을 내는 것과 개인이 리셀로 차익을 독차지하는 것 가운데 뭐가 더 공정할까?

가격이 터무니없이 낮아지면 모든 사람이 그 상품을 소비할 수 있을 것 같지만 그렇지 않다. 소비할 수 있는 사람은 상품 공급량을 넘어설 수 없다. 더욱이 가격이 낮아지면 기업의 이익이 줄어들므로 기업은 공급량을 줄여 초과 수요가 극에 달한다. 매우 적은 공급량을 놓고 소비자들끼리의 경쟁만 치열해질 뿐이다.

가격이 비싸다고 비난할 필요 없다. 사려는 사람이 많으니 가격이 올라갔을 뿐이다. 비싼 가격은 재화나 서비스의 수요가 공급에 비해 많다는 현실을 반영하는 척도일 뿐이다. 가격에는 아무 죄가 없다. 굳이 문제의 뿌리를 찾자면 재화나 서비스를 원하는 사람들의 선호에 있다. 만약 소비자 선호가 없다면 한정판 신발, 스페셜 에디션 시계, 심지어 강남 아파트도 형편없는 가격에 거래될 것이다.

지금 아니면 못 사는 것?

사람들은 갖고 싶지만 쉽게 가질 수 없는 물건을 포기할 것 같지만, 그렇지 않다. 오히려 높은 가치를 부여하고 더 갈망한다. 어떤 대가를 치르더라도 갖고 싶은 욕구가 꿈틀거린다. 게다가 그 물건을 가질 수 있는 사람 자체가 극소수에 불과하다면 물건의 가치는 더 올라가고 소유욕은 극대화된다.

이런 심리를 활용한 마케팅 전략이 바로 한정판이다. 이번만 특별히 생산된 희소한 제품이니 지금 아니면 다시는 살 수 없다는 메시지를 강하게 전달한다. 별다른 기능이 추가되지 않았음에도 단지 한정판이라는 이름이 극도의 희소성을 만들어 내고, 상당한 가격임에도 소비자의 구매 욕구가 반응한다. 비싼 가격은 문제가 되지 않는다.

'베블렌 효과 Veblen effect'도 이런 현상을 부추긴다. 경제학자 베블렌은 지불 능력이 있는 부유층의 과시욕이나 허영심 때문에 비싼 재화에 대해서도 욕구가 생긴다고 했다. 자신의 필요에 의해서가 아니라 남에게 자랑하기 위해서 구매하는 행위이다.

6

시시각각 가격이 변하면
어떻게 될까?

경제학 교과서에는 어떤 상품의 생산비가 오르거나 수요가 증가하면 가격이 오른다고 나온다. 그럼에도 직원 임금이 오르거나 원유 가격이 오를 때 이에 연동해서 상품 가격을 수시로 올리는 기업은 없다. 왜 그럴까?

여러 이유가 있다. 시장 상황을 반영해 가격이 수시로 오르고 내린다면 기업이나 소비자 모두 부담스럽다. 기업은 수시로 변하는 가격을 계속 소비자에게 알리고 내부적으로도 이를 기록해야 하는데, 비용이 많이 들어간다. 가격 변화로 얻는 이득보다 가격 변화를 알리고 기록하는 비용이 더 많이 들 수 있다.

예를 들어 대형마트는 수많은 상품의 가격표를 매일 또는 수시로 수정해 붙여야 한다. 식당도 메뉴판의 음식 가격을 매일 수정해야 한다. 이를 피하는 전략 가운데 하나가 횟집 등에서 흔히 볼 수 있듯 '시가'라고 애매하게 표기하는 것이다. 하지만 이런 표기는 소비자에게 불편함과 불확실성을 준다. 구매하려는 물건의 가격이 얼마일지 일일이 확인해야 하며, 구매 계획을 세우기 힘들어진다. 불안정한 가격 변동 때문에 상품을 사려는 수요 자체가 위축된다.

한꺼번에 가격을 올리는 이유는?

가격 하락과 가격 상승에 대한 소비자의 반응이 비대칭적인 점도 기업이 빈번한 가격 변동을 반기지 않는 이유다. 사람들은 1만 원을 얻을 때의 기쁨보다 1만 원을 잃을 때의 고통을 더 크게 느낀다. 즉 상대적으로 손실을 더 싫어한다. 이를 '손실 회피성 loss aversion'이라고 한다.

소비자에게 가격 하락은 이익으로서 기쁨을 주지만, 가격 상승은 손실로서 고통을 준다. 생산비가 하락했을 때 가격을 인하하고, 생산비가 상승할 때 다시 원래대로 인상하더라도 소비자의 반응이 중립적이지 않다는 뜻이다. 소비자 사이에서는 가격이 내릴 때보다 원상 복귀되었을 때 기업과 해당 상품에 대해 좋지 않은 반응이 형성된다.

이는 기업에 좋은 소식은 아니다. 기업에 대한 평가와 호감도에 부정적인 영향을 끼친다. 그러므로 기업은 가격 하락 요인이 발생해도 이를 가격에 바로 반영하지 않는다. 언제 가격 상승 요인이 발생할지 모르기 때문이다.

"나쁜 소식은 한 번에, 좋은 소식은 나눠서"라는 말이 있다. 가격 인상 같은 나쁜 소식을 수시로 전달하는 기업은 소비자에게 좋은 점수를 받기 어렵다. 예를 들어 인상 요인이 발생할 때마다 1%씩 다섯 차례 올리면, 그때마다 소비자의 불만이 발생하고 누적된다. 이보다는 가격 인상 요인을 자체적으로 흡수하다가 한꺼번에 5% 인상하는 편이 소비자의 불만과 저항을 줄이는 데 효과적이다.

기업들의 가격 인상은 담합일까, 아닐까?

가격을 올리면 시장 점유율을 잃을 각오를 해야 한다는 점도 기업이 가격 조정을 바로바로 반영하지 않는 이유다. 원가 상승분을 가격에 반영할 경우 자칫 가격을 올리지 않는 경쟁사에 고객을 뺏길 수 있다.

그런데 경쟁 관계에 있는 기업들이 다 함께 가격을 인상하면 이런 염려에서 벗어날 수 있다. 해당 제품의 시장 점유율이 제일 높은 1위 기업이 가격 인상의 총대를 멘다. "나를 따르라"는 전략이다. 시장 점유율 1위 기업은 소비자 선호나 충성도가 제일 높은 기업이므로 가격 인상에 따른 후유증도 그만큼 적다. 1위 기업이 가격을 인상하면 나머지 기업들도 기다렸다는 듯이 줄줄이 가격을 인상한다. 소비자에게는 원망의 대상이지만, 다른 기업에는 리더 역할을 한 셈이다.

이런 시도는 사실상 담합 효과를 가져다준다. 기업들은 사전에 가격에 대한 정보를 교환하거나 가격 인상을 논의한 적이 없다. 단지 1위 기업이 가격을 먼저 올렸을 뿐이고, 다른 기업들도 원자재 가격 인상으로 부득이 가격을 올린 것인데 결국 모든 기업의 상품 가격이 오르니 사실상 담합한 것과 같은 효과를 얻는 것이다.

7

가격 규제는
누구를 위한 걸까?

신호등이 고장 나면 운전자들이 엄청난 혼란을 겪고 사고가 이어지는 것처럼, 가격이 경제 주체들에게 정확한 신호를 보내지 못하면 의사결정이 왜곡되면서 시장에 혼란이 생긴다. 그렇다면 가격은 언제 정확한 신호를 보내지 못할까? 정부가 가격을 규제할 때다.

제주도 해안가에 있는 고급 별장을 생각해 보자. 아침에 눈을 뜨면 화사한 햇살이 비치는 수평선을 조망할 수 있으며 몇 걸음만 걸어 나가면 한적한 백사장이다. 이 별장은 10억 원이 넘는다. 누구나 이 별장의 주인이 되고 싶어 하지만, 웬만한 사람은 살 엄두조차 내지 못할 정도로 비싸다. 그런데 정부가 서민도 별장을 소유할 수 있도록 별장 가격을 천만 원으로 낮추는 명령을 발동했다고 하자.

천만 원짜리 별장을 사려는 사람이 엄청나게 몰린다. 별장은 한 채뿐인데 사려는 사람은 천만 명이다. 어쩔 수 없이 정부는 추첨으로 별장 주인을 결정했다. 운이 좋은 단 한 명만 별장을 소유하고 즐길 수 있다. 그런데 당첨된 사람이 반드시 서민이라는 보장은 없다. 돈 많은 부자일 수도 있다. 별장 가격으로 15억 원을 낼 용의가 있었는데, 단돈 천만 원에 소유하는 행운을 얻었을 수 있다.

이처럼 가격 규제는 희소성이라는 근본 문제를 해결하지 못하고 다른 문제를 낳는다. 고급 별장을 소유하는 사람은 변함없이 한 명뿐이다. 고급 별장이 엄청나게 비싼 원인은 희소하기 때문이다. 비싼 가격은 희소한 상황을 말해주는 숫자일 뿐이다.

기업이 가격 인상을 꾀하는 방법은?

정부의 가격 규제 정책뿐만 아니라, 기업의 제품 가격 인상에 반발하는 소비자의 심한 저항도 가격 상승을 억제한다는 점에서 일종의 가격 규제로 간주할 수 있다.

가격 인상 필요성을 느끼지만 쉽게 가격을 올리지 못하는 기업은 편법을 꾀한다. 가격을 유지하되, 용량을 줄이는 것이다. 사실상 가격이 오른 셈이다. 이를 '슈링크플레이션'이라고 한다. 양을 줄이는 슈링크shrink와 인플레이션의 합성어이다. 소비자들이 가격 인상에는 민감하지만, 용량 변화에는 둔감한 점을 이용하는 전략이다. 과거보다 라면이나 과자의 양이 크게 줄어들었음을 모르는 소비자는 없을 것이다.

기업은 포장 단위를 변경하는 방법도 즐겨 사용한다. 500그램 포장의 1,000원짜리 과자를 400그램 단위의 작은 포장으로 바꾸고 가격을 900원으로 정한다. 과자의 단위당 가격을 일일이 계산하거나 이전과 비교하는 소비자는 거의 없기 때문이다. 일부 소비자는 용량 감소를 인지하지 못한 채 가격이 내렸다고 착각한다.

2017년에 있었던 치킨값 인상을 떠올려 보자. 대형 치킨 프랜차이즈 업체인 A사는 치킨 가격을 2,000원씩 기습 인상했다. 국민 야식이라 불리는 치킨 가격 인상은 소비자의 불만을 자아내기 충분했다. 물가 안정 기조에 찬물을 끼얹었다고 생각한 정부도 불편한 심기를 드러냈다. 공정거래위원회는 가맹사업법 위반 혐의로 조사에 착수했으며, 농림축산식품부는 국세청에 세무조사를 의뢰했다. 이런 우여곡절 끝에 A사는 결국 치킨값 인상을 철회했다.

A사가 백기를 든 것으로 상황이 끝난 건 아니다. 가격을 올리지 못한 프랜차이즈 업체들은 치킨 크기를 줄였다. 더 나아가 프

랜차이즈 업체 B사가 배달비 2,000원을 도입했다. 배달 주문으로 치킨을 먹는 사람들이 많다는 점을 고려할 때 사실상 가격 인상이었다. 치킨값을 직접 올리는 대신에 우회적인 방법을 사용한 것이다.

정부가 강압적으로 통제하더라도 이런저런 편법으로 오를 가격은 결국 오른다.

마스크 가격 통제도 잘못일까?

수요와 공급 상황에 따라 가격이 자유롭게 변동하는 시장 경제에 가격 규제는 어울리지 않는다. 가격을 통제해 상승을 억제하는 효과를 일시적으로는 기대할 수 있지만 그에 따른 여러 부작용까지 피할 수는 없다.

코로나19가 성행했던 2020년 초, 이른바 마스크 대란 사태가 발생했다. 치료제도 백신도 없는 상황에서 유일한 코로나 예방 수단이었던 마스크 수요가 폭발적으로 늘어났다. 이런 상황에서 마스크 공급은 수요를 따르지 못했다. 제작에 필요한 재료를 구할 수도, 공장 시설을 하룻밤에 늘릴 수도 없는 노릇이었다. 시장 경제 원리나 수요와 공급의 법칙이 제대로 작동하기 어려운 상황이었다. 이처럼 돌발적이고 특수한 상황에서는 정부 개입과 가격 통제가 불가피하다. 전쟁이나 자연재해 등으로 인한 비상 사태에서도 가격 규제가 유효한 수단이 될 수 있다.

초과 수요로 인한 마스크 대란은 시간이 지나 공급이 증가하면서 사라졌다. 가격을 억제할 수 있는 제일 좋은 방법은 공급 확대임을 마스크 사례를 통해서도 확인할 수 있다.

불가피한 가격 규제는 어디까지나 일시적임을 잊지 말아야 한다. 시장 경제에서 가격 규제를 가격 안정을 위한 만병통치약으로 착각해서는 안 된다. 가격 규제가 길어질수록 심각한 부작용이 나타나며 그로 인한 고통은 소비자의 몫이다.

금리 인하는 사회에
어떤 영향을 미칠까?

가격을 인위적으로 규제하면 여러 부작용이 나타나며 장기적으로 소비자에게 이득이 되지 않는다. 그럼에도 정부가 장기간에 걸쳐 가격을 통제하는 사례가 더러 있는데, 대표적으로 금리를 꼽을 수 있다.

금리는 단순하게 말해서 돈의 몸값, 그러니까 돈의 가격이다. 돈을 빌리려는(수요하는) 사람이 많아지면 금리가 오른다. 반대로 돈을 빌려주려는(공급하는) 사람이 많아지면 금리가 내린다. 이처럼 금리는 자금 시장에서 돈(자금)의 수요와 공급에 따라 결정된다.

문제는 신용도가 낮아 시중은행에서 낮은 금리로 돈을 빌리기 어려운 사람들이다. 이들은 어쩔 수 없이 제2금융권, 더 나아가 대부업체 등으로 내몰리는데, 이때 이들이 감당해야 하는 금리는 무척 높다. 빌린 돈을 갚지 못할 위험을 반영해서 그만큼 높은 금리로 돈을 빌려주기 때문이다.

정부는 이처럼 높은 금리 때문에 서민이 부담해야 할 이자가 과도하게 많고 대부업체의 배를 불리고 있다고 보고, 금리 상한선을 설정해 놓았다. 법으로 정해놓고 있어서 '법정 최고금리'라고 하는데, 2021년 7월 7일을 기점으로 최고금리를 연 24%에서 20%로 낮췄다.

최고금리가 인하되면 돈을 빌리는 사람의 이자 부담이 줄어들고 생활이 개선된다는 장점이 분명히 있다. 그런데 이처럼 긍정적 효과만 있을까?

최고금리의 부정적 효과

양지가 있으면 음지가 있듯이 최고금리로 인한 부정적 효과도 있다. 이른바 '최고금리 인하의 역설'이다.

우선 대부업체는 받는 이자가 줄어 수익성이 나빠진다. 그러니 대출 심사를 한층 까다롭게 해서 상환하지 못할 우려가 조금이라도 많은 고객에게는 아예 대출을 해주지 않는다. 신용도가 상대적으로 낮은 취약 계층이 이에 해당한다.

가령 이전에 연 24%의 금리로 대출받았던 사람들 가운데 일부는 이제 아예 대출 자체를 받지 못하는 대출 난민이 된다. 결국 돈이 꼭 필요한 사람은 불법 대부업체나 사채업자에게 돈을 빌릴 수밖에 없다. 이런 불법 대부업체는 법정 최고금리를 무시하고 수백 퍼센트에 이르는 말도 안 되는 금리를 적용한다.

실제로 저신용자들이 주로 이용하는 대부업체들은 최고금리가 20%로 낮아지자 대출을 줄였다. 대부업 시장이 줄어든 것이다. 대부업에 의존할 필요성이 적어져 시장이 축소되는 거라면 반길 일이지만, 현실은 그렇지 않다. 대부업체를 이용했던 저신용자들이 더 나쁜 조건의 사금융 시장으로 내몰린 탓이다. 불법 사금융 시장은 통계조차 잡히지 않는다. 그래서 이용자가 얼마나 늘고 있으며 피해 규모가 어느 정도인지 정확히 파악조차 하지 못한다.

이렇게 최고금리는 누군가에게는 이자 부담을 줄여주지만, 다른 누군가에게는 대출을 받을 수 없게 막아버린다. 경제적으로 더 취약한 사람을 계속 궁지로 몰아가 양극화를 조성한다.

최저임금을 정하는 이유

최고금리보다 사회적 파장이 큰 문제가 최저임금이다. 매년 최저임금 이슈로 언론과 사회가 들썩인다. 그만큼 사회 전반에 미치는 영향이 크다.

일반적으로 가격 규제는 가격을 낮추거나 억제하려는 시도다. 마스크 가격 규제도 그렇고 최고금리도 그렇다. 소비자를 보호하기 위함이다. 그러나 최저임금은 그 반대이다. 임금을 더 올리자는 것이다. 노동을 공급하는 노동자를 보호하기 위함이다. 그렇지만 가격 규제라는 점에서는 다를 바가 없다. 임금은 노동의 가격이다. 노동 공급이 증가하면 임금이 하락하고, 노동 수요가 증가하면 임금이 상승한다. 일반 재화의 가격 결정 원리와 같다.

이처럼 노동 시장에서 결정된 임금에 손을 대는 게 최저임금 제도다. 최고금리와 마찬가지로 법으로 정하며, 매년 최저임금을 조정한다. 취지는 분명하다. 임금이 최저생계비에 미달하는 사람들의 생존권을 보장하거나 삶의 질을 향상하기 위해 사용자가 최소한 일정 금액 이상의 임금을 지급하도록 강제하는 것이다.

1894년 뉴질랜드에서 최초로 최저임금을 도입한 것을 계기로 시장 경제를 표방하는 국가는 대부분 최저임금 제도를 채택하고 있다. 최저임금이 없는 국가로는 이탈리아, 오스트리아, 스웨덴, 핀란드, 덴마크 등이 있다. 노사 사이의 자율 협상에 국가가 제도적으로 개입할 수 없다는 가치관에 근거한 결과이다. 사회보장제도도 비교적 잘 구비된 국가라는 공통점도 있다. 하지만 최저임금 제도를 도입하지 않는 배경에는 노조가 강하다는 중요한 사실이 있다. 이들 국가의 임금은 웬만한 국가의 최저임금을 훨씬 능가하므로 군이 최저임금 제도를 도입할 필요가 없다고 보는 편이 맞을 것이다.

이처럼 필요성과 역할이 분명함에도 왜 최저임금을 결정할 때마다 시끄러우며, 원만하게 합의가 이루어지지 않을까? 몇 가지 이유가 있다.

최저임금 인상 이슈가 항상 떠들썩한 이유

먼저 적정한 최저임금의 기준이 애매하다. 최소한의 생활을 보장해 줄 만한 임금을 주어야 하는데, '최소한의 생활'에 대한 생각이 사람마다 다르다. 맨밥에 김치만 먹는 정도를 최소한의 생활이라고 보는 사람이 있는 반면, 적당한 여가와 문화생활까지 누릴 수 있어야 최소한의 생활이라고 보는 사람이 있다. 누구 말이 맞고 틀리다는 절대적인 잣대가 존재하지 않는다. 그러니 노동자와 사용자 사이의 논쟁이 끊이질 않는다.

최저임금을 받는 노동자가 일하는 곳이 주로 영세 자영업자들의 사업장이라는 점도 중요하다. 최저임금을 대폭 인상하면 가뜩이나 힘든 영세 자영업자들의 어려움이 더 커질 수도 있다. 그래서 아예 채용 직원을 없애고 가족이 그 자리를 대신하기도 한다. 일자리 자체가 줄어드는 부작용이 생기는 것이다.

최저임금이 인상되면 단순히 해당 노동자들만 영향을 받는 게 아니다. 최저임금과는 직접적인 관계가 없는, 예를 들면 대기업 노동자나 공무원 임금에도 영향을 미친다. 가령 최저임금이 5% 인상되면 임금 차이가 그만큼 줄어든다. 그러면 대기업 노동자나 공무원은 차이를 유지하기 위해 그에 상응하는 임금 인상을 요구하는 경향이 있다. 따라서 경제 전반에 걸쳐 임금이 인상된다.

임금이 오르니 기업은 인건비를 아끼려고 채용 규모를 줄이거나 정리해고를 한다. 재료비나 원자재비를 줄이기는 힘들기 때문이다. 결국 실업자가 많아진다. 그런데 실업자가 될 가능성이 큰 사람은 상대적으로 생산성이 떨어지고 능력 역시 부족할 가능성이 높다. 즉 최저임금 제도의 보호막을 더 확실하게 누려야 할 사람들이 오히려 먼저 배제되는 역설적인 현상이 나타난다.

최저임금이 인상된 뒤 일자리를 유지한 사람들은 분명히 큰 혜택을 누린다. 하지만 이 혜택의 이면에는 일자리를 상실한 사람들의 피해가 깔려 있다.

취약 계층의 삶의 질을 개선하고 인간다운 생활을 유지할 수 있도록 최저임금을 인상하는 데는 동의하면서도, 그로 인한 부작용과 문제점 때문에 정작 이를 구현하는 데는 망설이게 되는 이유이다.

경매로 번 돈을
어디에 쓸까?

누구나 선호하는 전화번호가 있다. 7777, 1234, 1004 등이 들어가는, 이른바 황금 번호 또는 골드넘버라고 하는 것이다. 기억하기 쉽고 눈에 확 띄는 번호들이다.

많은 사용자가 황금 번호를 원하므로 당연히 초과 수요가 있다. 이제 누구에게 이 번호를 분배할 것인지의 문제가 생긴다. 선착순, 추첨, 경매 등 여러 가지 분배 방법을 생각할 수 있다.

우리나라는 황금 번호를 추첨으로 분배한다. 통신사별로 신청을 받아 번호를 나눠 준다. 인기 있는 황금 번호의 경우 무려 25,000 대 1의 경쟁이 붙기도 한다.

황금 번호를 추첨으로 분배하는 이유는 모든 사람에게 공평

한 기회를 부여한다는 명분 때문일 것이다. 만약 경매로 황금 번호를 나눠준다면 돈 많은 사람이 인기 있는 황금 번호를 독차지할 테고, 돈 없는 사람은 좋은 번호를 쓰지 말라는 법이 있냐며 사회적 여론이 좋진 않을 것이다.

누가 가졌냐보다 어떻게 쓰느냐가 중요하다

조금만 생각을 바꾸면 어떨까? 황금 번호면 어떻고 외우기 힘든 번호면 또 어떤가. 어차피 모든 번호를 저장해 놓고 검색해 전화를 하는 세상이다. 좋은 번호를 가졌다고 통신 요금이 할인되는 것도, 통화 품질이 더 좋아지는 것도 아니다.

운이 좋아 당첨된 사람이 7777 번호 사용의 행운을 누리게 하는 대신에, 경매로 사용자를 결정한다고 해보자. 황금 번호 선호가 강한 사람이나 돈 많은 사람의 차지가 될 것이다. 돈 많은 사람이 황금 번호를 쓴다고 해서 문제 될 것은 없다. 우리의 일상이 달라지지도 않는다. 돈 많은 사람이 좋은 번호를 쓰는 것이나 운이 좋은 사람이 좋은 번호를 쓰는 것이나 근본적으로 다르지 않다. 어차피 극히 일부 사람만 좋은 번호를 쓸 뿐이고, 대부분 평범한 번호를 쓴다.

황금 번호를 경매에 붙였을 때 낙찰 가격이 얼마가 될지 알 수 없지만, 몇천만 원이라고 해보자. 통신사는 이런 번호 몇 개를 경매하면 최소 몇억 원, 많으면 수십억 원의 수익을 올릴 수 있다. 통신사가 이 돈을 저소득층의 통신 요금을 보조하는 데 쓰거나, 어린이 암 환자 지원 사업에 기부하면 어떨까?

중국은 황금 번호를 경매로 판매한다. 중국인들이 좋아하는 뒷자리 번호 88888이 2020년에 3억 8천만 원에 경매되었다. 베트남에서는 2018년에 황금 번호가 11억 5천만 원에 판매되었다고 한다.

모두가 원하는 걸 가진 사람이 모두에게 쏜다면?

비슷한 사례로 자동차 번호도 있다. 자동차의 황금 번호 역시 추첨으로 분배된다. 그런데 조사해 보니 황금 번호가 강남 등 특정 지역과 고급 외제 차량에 몰려 있다고 한다. 뒷거래로 웃돈을 주고 황금 번호를 사들인 결과다.

자동차 번호를 경매로 분배한다면 정부가 거두었을 웃돈이다. 그만큼 보통 사람들은 세금을 덜 내도 된다. 돈 많은 사람이 고급 외제 차량에 좋은 번호판을 부착한다고 부러워할 이유도 필요도 없다. 좋은 번호판을 단다고 교통 체증을 뚫고 더 빨리 달리지도 못한다. 마트 주차에 우선권이 있지도 않다.

아랍에미리트는 인기 있는 자동차 번호를 경매에 붙인다. 한 부호가 2016년에 특정 번호를 100억 원에 낙찰받아 화제가 된

적이 있다. 이 돈은 정부의 국고로 들어갔다.

미국에서는 운전자가 원하는 문구로 번호판을 제작할 수 있다. 글자 수 제한이 있기는 하지만 자신을 잘 드러내는 개성 있는 숫자와 문자를 적당히 조합해 번호판을 만든다. 단, 그 대가로 평범한 자동차 번호를 받는 사람보다 추가 비용을 지불한다. 물론 이 추가 비용은 정부의 재정에 보탬이 되고 교통시설 개선 사업에 두루 쓰인다.

능력 있는 사람이 자기 돈으로 좋은 번호를 살 수 있도록 하는 제도를 나쁘게 볼 필요는 없다. 그 돈을 거두어 좋은 일에 유용하게 쓰는 편이 낫다.

환율은
누가 정할까?

해외여행을 하려면 여행하려는 국가의 돈으로 환전해야 한다. 환율에 따라 손에 쥐는 외국 돈의 액수가 달라진다. 환율이라고 말하지만, 실은 외국 돈의 가격이다. 가령 미국의 1달러라는 돈을 사는 데 필요한 우리 돈이 바로 환율이다.

해외여행을 앞두고 환전 시점에 따라 울고 웃은 기억이 한 번쯤 있을 것이다. 과일값이나 생선값이 시장 상황에 따라 수시로 바뀌는 것처럼, 환율도 수시로 변한다. 그래서 해외로 여행이나 유학을 떠나는 사람은 물론 무역업 종사자 등 원화를 외화로 바꿔야 하는 사람들이 최적의 환전 시점을 보느라 골머리를 앓는다. 이왕이면 환율이 낮을 때 환전해야 조금이라도 유리하기 때문이다. 수시로 바뀌는 환율은 누가 어떻게 정할까?

환율은 외국 돈의 가격이므로, 외환 시장에서 외국 돈의 수급에 의해 결정된다. 시장 경제에서 가격 결정 원리에 예외란 없다. 시장에 미국 달러의 공급이 감소하거나 달러 수요가 증가하면, 달러 환율이 상승한다. 미국 돈의 가격이 오른다는 말이다. 반대로 시장에 달러 공급이 증가하거나 달러 수요가 감소하면, 달러 환율이 하락한다. 미국 돈의 가격이 내려간다는 것이다.

환율을 '1원=0.001달러'로 표시하면 안 되는 이유

우리가 말하는 환율은 보통 미국 달러화의 환율을 뜻한다. 달러가 국제 거래에서 대금을 결제할 때 제일 보편적으로 쓰이는 돈이라 그렇다. 이런 돈을 '기축통화key currency'라고 한다. 생소하게 들릴 수도 있을 텐데, '기축'이 토대나 중심이란 뜻임을 생각하면 이해가 쉬울 것이다.

기축통화는 국제 금융 거래에서 기본이 되는 화폐이므로 환율을 표시할 때도 기준으로 쓰인다. 다시 말해 미국 1달러와 우리나라 돈 1,200원을 바꿀 수 있다면, 환율을 '1,200원/$' 또는 '1$=1,200원'이라는 식으로 표시한다. 미국 1달러를 사려면 우리 돈 1,200원을 내야 한다는 뜻이다. 이렇게 표시하는 방법을 '자국 통화 표시법'이라고 한다. 우리나라뿐 아니라 대부분 국가가 자국 통화 표시법을 따른다. 일례로 일본에서는 '1$=120엔', 중국에서는 '1$=7위안' 등이다.

만약 우리나라 돈이 기축통화라면, 환율은 '1$=1,200원'이 아닌 '1원=0.0008$'로 표시할 것이다. 이것이 '외국 통화 표시법'이다. 우리나라 돈 1원은 미국 돈 0.0008달러에 해당한다는 뜻이다. 어느 표시법을 따르던 내용은 같다.

일반적으로 기축통화를 중심으로 환율을 표시하는 자국 통화 표시법을 쓰고 있지만, 유로화를 쓰고 있는 유로존은 외국 통화 표시법을 따른다. 즉 유로화 환율은 '1€=1.1$' 또는 '1.1$/€'로 표시한다. 유로화가 중심 화폐라는 자부심이 깔려 있다.

실제로 국제 거래에서 유로를 사용하는 비율은 달러에 버금간다. 해마다 조금씩 다르지만, 달러가 40% 정도에 유로가 37%로 달러의 뒤를 바짝 쫓고 있다. 세 번째로 많이 쓰이는 건 영국 파운드(6% 정도)이며, 중국 위안과 일본 엔이 뒤를 잇는다.

11

우리나라 돈도
기축통화가 될 수 있을까?

국제 거래의 기본이 되는 기축통화는 말 그대로 세계 경제의
중심 통화다. 기축통화를 보유하고 있으면 해외여행을 할 때 환
전할 필요가 없어 편리하다.

역사적으로 보면 16~18세기에는 스페인 은화가 유럽 대륙은
물론이고 아메리카 대륙과 아시아 일부 지역에서 보편적으로 쓰
이면서 기축통화 지위를 누렸다.

스페인 은화 이후에는 영국의 파운드가 그 자리를 차지했다.
그러나 20세기 들어서 영국이 식민지를 잃고 미국 경제가 급부
상하면서 기축통화로서의 파운드의 지위가 흔들렸다.

2차 세계대전을 계기로 미국이 세계 최대 강대국 자리를 확실

하게 차지했고, 달러가 본격적으로 기축통화의 지위를 이어받아 지금에 이르고 있다. 물론 오늘날 미국 경제의 위상이 흔들리며 기축통화로서의 달러 위상이 예전만 못한 건 사실이다.

더욱이 유로존이 2002년부터 유로라는 단일 화폐를 사용하면서 제2의 기축통화로 급부상해 달러의 지위를 위협하고 있다. 중국도 위안을 기축통화로 승격시키려고 '통화 굴기'를 가속화하고 있다.

기축통화 발행국의 조건

기축통화가 제 기능을 하려면 세계적으로 신뢰성이 높고 돈으로서 안정적인 가치가 있어야 한다. 그래야 누구나 각종 거래에서 기꺼이 받으며, 가치의 저장 수단으로서 미래에 사용할 목적으로 돈을 보유할 동기가 생긴다.

현재 달러가 그렇다. 해외여행을 가면 어디든 달러를 받지 않는 곳이 거의 없다. 개별 국가는 물론 개인들도 달러를 보유하고 있으며 보유하려고 한다. 심지어 북한 사람들도 달러를 선호한다. 그래서 미국이 발행한 달러의 상당량이 미국 밖에서 유통되고 있다. 이는 기축통화와 관련해서 매우 중요한 사실을 시사한다. 바로 기축통화는 유통량이 많아야 한다는 점이다.

전 세계 개인이나 기업이 달러를 보유하고, 각국 중앙은행이 외환보유고라는 이름으로 달러를 보유하려면 발행된 달러가 그만큼 많아야 한다. 전 세계 중앙은행이 보유 중인 외환보유액의 60% 정도가 달러. 한국은행은 이보다 조금 많은 3분의 2 정도를 달러로 보유하고 있다.

기축통화를 발행하는 국가가 되려면 단순히 경제 규모만 커서는 안 된다. 해당 국가의 군사력과 정치력이 이를 뒷받침해야 한다. 그래서 '기축통화국=초강대국' 등식이 성립한다. 여기에 금 보유량이 많고 금융업도 발달해야 한다. 국가 신용도가 높아야 하는 건 당연하며 경제도 안정적이어야 한다.

지금 우리나라 경제가 이런 조건을 모두 충족할 정도로 거대하고 안정적인가? 이른 시일 안에 외국 호텔이나 상점이 우리나라 돈으로 결제해 줄까? 만일의 사태에 대비해서 우리나라 원화를 금고에 보관하는 외국인이 있을까? 우리나라 사람조차 금이나 달러를 선호하는 게 현실이다.

국채 발행도 그렇다. 미국이 발행하는 국채는 중국을 비롯해 여러 국가가 기꺼이 매수한다. 그러나 우리나라가 원화로 발행하는 국채는 이런 대접을 받지 못한다. 우리나라가 국채를 대량으로 발행하면 국가 신용 등급에 나쁜 영향을 준다.

우리나라 경제 규모가 세계 10위권이긴 하지만, 이래저래 우리나라 돈이 기축통화가 되는 건 요원한 일이다.

기축통화는 좋은 점만 있을까?

기축통화라는 엄청난 지위를 유지하는 일 역시 공짜가 아니라는 사실로 작은 위안을 삼을 수 있다.

달러가 국제 거래에서 두루 쓰이려면 전 세계 시장에 달러가 넉넉하게 유통되고 있어야 한다고 했다. 이 달러는 외국으로 그냥 흘러가지 않는다. 미국이 공짜로 외국에 달러를 나눠줄 리 없지 않은가? 미국이 무역에서 적자를 기록할 때 달러가 외국인 손으로 넘어간다. 미국이 수출한 것보다 수입한 것이 많을 때 그 적자분만큼 달러가 외국으로 넘어가는 것이다. 다시 말하면 기축통화를 발행하는 국가는 무역 적자를 숙명처럼 받아들여야 한다. 반대로, 장기적으로 무역에서 흑자를 내길 원하면 기축통화의 지위를 포기해야 한다.

무역 적자를, 그것도 장기적으로 기쁜 마음으로 받아들이기란 쉽지 않다. 이를 '트리핀 딜레마Triffin dilemma'라고 한다. 미국 예일대의 트리핀 교수가 기축통화 역할로 인해 미국 무역수지 적자가 지속되는 아이러니한 상황을 지적한 데에서 나온 용어다.

미국은 무역수지 적자로 인해 달러 발행량을 계속 늘려야 한다. 그런데 달러 공급이 증가하면 달러 가치의 하락은 불가피해진다. 기축통화는 장기적으로 가치가 점차 하락하는 운명이라는 말이다. 기축통화국의 숙명이자 해결하기 어려운 숙제다.

그렇다고 미국이 기축통화를 자발적으로 포기하는 일은 하지 않을 것이다. 어찌 됐든, 기축통화국이란 세계 제일의 강대국이란 뜻이기도 하니 말이다.

환율이 오르면
원화 가치도 오를까?

달러 환율이 '1$=1,200원'에서 '1$=1,300원'으로 올랐다고 하자. 1달러를 사는 데 필요한 우리 돈이 1,200원에서 1,300원으로 늘어났다는 뜻이다. 같은 1달러를 사는 데 우리나라 돈을 더 많이 줘야 하므로 원화의 값어치가 하락한 셈이다. 이는 상대적인 개념이므로 미국 달러의 값어치가 상승한 것이기도 하다.

| 달러 환율 상승 | = | 달러 가치 상승 | = | 원화 가치 하락 |

즉 환율과 달러의 가치는 같은 방향으로 움직인다. 그러나 원화의 가치는 환율과 반대 방향이다.

달러 환율이 '1$=1,200원'에서 '1$=1,100원'으로 내리면, 1달러를 사는 데 1,200원이 아니라 1,100원만 있으면 된다. 그러므로 우리나라 원화의 값어치가 상승하고, 미국 달러의 값어치는 하락한 것이다.

| 달러 환율 하락 | = | 달러 가치 하락 | = | 원화 가치 상승 |

이처럼 환율과 원화의 가치가 반대 방향으로 움직인다는 사실을 헷갈리는 사람이 많다. 이러한 현상의 원인은 환율을 자국통화 표시법(1$=1,200원)으로 나타내는 데서 기인한다.

절상과 절하는 무슨 말일까?

원화의 가치가 오르고 내리는 상태를 표현하는 용어도 다양하다. 원화 강세, 원고高, 원화 절상은 모두 우리나라 돈의 가치가 오르는 상태를 나타내는 말이다. 반대로 원화 약세, 원저低, 원화 절하는 우리나라 돈의 가치가 내리는 상태를 나타내는 말이다.

한때 원화의 평가절상, 평가절하라는 말이 많이 쓰였는데 지금은 쓸 일이 없다. 환율이 시장에서 달러 수급에 따라 자유롭게 결정되고 변동되는 '변동환율제도'를 채택하고 있기 때문이다. 옛날에는 세계 각국이 '고정환율제도'를 채택했었다. 시장에 환율 결정을 맡기는 대신 정부가 여러 가지 상황을 복합적으로 고려해서 환율을 일정 값으로 고정하고 이를 한동안 유지한 것이다. 그러다가 정부가 필요에 따라 환율을 인상해서 고시하면, 우리나라 돈의 가치 하락을 공식화하게 된다. 이를 '원화의 평가절하'라고 한다. 반대로 정부가 필요에 따라 환율 인하를 고시하면, '원화의 평가절상'이 된다. 현재 중국이 사실상 고정환율제도를 채택하고 있다.

평가절하와 평가절상은 고정환율제도에서 통화의 가치를 인위적으로 내리거나 올리는 것을 말할 때 쓰는 용어다. 그러니 오늘날의 변동환율제도에서는 이런 용어를 쓰지 않고 원화가 절하되었다거나 절상되었다고 한다. 그러나 절하나 절상이 생소한 한자어이므로 굳이 이렇게 표현할 이유가 없다. 올랐거나 내렸다는 표현으로 족하다.

엔화 환율이나 루피 환율은 어떻게 결정될까?

우리나라 사람들은 달러 환율에 제일 관심이 많지만, 이 세상에 달러 환율만 필요한 건 아니다. 일본으로 여행 가려는 사람은 엔화 환율, 중국으로 사업차 출장 가는 사람은 위안화 환율에 주목한다. 유로, 파운드, 스위스 프랑, 인도 루피, 베트남 동, 호주 달러, 튀르키예 리라 등 세계화 시대를 살아가며 필요로 하는 외

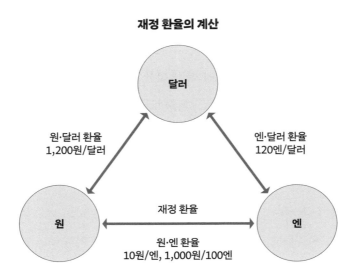

재정 환율의 계산

달러

원·달러 환율
1,200원/달러

엔·달러 환율
120엔/달러

재정 환율

원

엔

원·엔 환율
10원/엔, 1,000원/100엔

국 돈도 국가 수만큼이나 다양해졌다.

그러면 이들 국가 화폐와 우리나라 돈의 환율은 각각 외환 시장에서 결정되는 것일까? 이론적으로는 그렇지만 현실에서는 그렇지 않다. 시장에서 수요와 공급에 따라 환율이 정해지려면 많은 수요자와 공급자가 서로 힘을 겨루는 상호작용이 있어야 한다. 그러나 달러를 제외한 다른 국가의 돈은 외환 시장이 제대로 작동하기에는 거래 규모가 매우 작다. 거래되는 외국 돈이 적으니 시장에서 환율이 결정되는 데 어려움이 있다. 그래서 다른 방법이 필요하다.

달러를 제외한 다른 국가의 돈과 우리나라 돈의 환율은 간접적으로 결정된다. 우리나라 원과 일본 엔 사이의 환율이 결정되는 원리를 알아보자. 우리나라 외환 시장에서 결정된 원·달러 환율이 '1$=1,200원'이고, 도쿄 외환 시장에서 결정된 엔·달러 환율이 '1$=120엔'이라 하자. 이제 이 두 개의 환율을 가지고 원·엔 환율을 1,200÷120으로 계산할 수 있다. 단, 원·엔 환율은 1엔당이 아니라 100엔당으로 표시하고 있으므로, 위의 경우 환율은 '100엔=1,000원'으로 고시된다.

이와 같은 방법으로 결정하는 환율을 '재정 환율'이라고 한다. 우리나라 외환 시장에서 직접 거래되지 않는 인도 루피, 베트남 동, 튀르키예 리라 등을 환전할 때는 재정 환율에 따른다.

13

환율은 왜
여러 종류로 표시될까?

　은행이 고시한 외환 시세표를 보면 한 국가의 통화를 두고 여러 종류의 환율이 제시되어 매우 복잡하다. 우리가 인터넷이나 앱을 검색하면 나오는 환율은 일반적으로 '매매기준율'이다.

　매매기준율은 은행끼리 외환을 거래할 때 사용하는 환율이다, 쉽게 말해 도매 시장에서의 환율이다. 일반 고객이 외화를 살 때는 매매기준율이 아니라 매매기준율에 일정한 수수료율을 더한 환율을 적용한다. 도매가와 소매가가 다른 것과 같은 이치다.

　외화를 살 때와 팔 때도 서로 다른 환율을 적용받는다. 우리가 외화를 살 때 환율이 팔 때 환율보다 훨씬 높다. 다시 말하면 우리가 은행과 거래할 때는 외화를 비싸게 사고 싸게 팔아야 한다.

1달러를 산 뒤 바로 그 자리에서 되팔더라도 손해를 보는 구조다. 은행이 달러 거래를 도와주고 금고에 달러를 보관 및 관리하는 서비스의 대가를 받는 것이다.

환율은 왜 여러 종류가 있을까?

외화를 현찰로 거래하는지 전산으로 송금하는지에 따라서도 환율이 달라진다. 개인 고객이 해외여행을 가는 경우에는 일반적으로 외화 현찰을 산다. 이때의 환율이 제일 높다. 고객 입장에서는 제일 비싼 값에 외화를 매수하는 것이다. 그리고 여행을 다녀온 후 남은 외화 현찰을 되팔면 제일 싼값에 매도해야 한다.

개인은 주로 외화 현찰을 거래하지만 거래 규모가 큰 기업, 특히 무역업자들은 전신wire을 이용해 외화를 송금하거나 송금받는 게 보통이다. 이때는 '송금 환율'이란 게 적용된다. '전신환 환율'이라고도 한다. 고객이 송금으로 외화를 보내려면 먼저 창구에서 외화를 산 다음에 보내야 한다. 이때 은행은 고객에게 외화 현찰을 건네지 않고 전신으로 바로 외국에 보내준다. 창구에서 현찰을 주고받고 외화를 금고에 보관하는 번거로움을 피한 은행은 환율 우대를 해서 현찰을 거래할 때보다 낮은 환율을 적용한다.

'T/C traveler's check'는 여행자 수표를 뜻한다. 유럽, 미국 등지로 장기간 여행하는 사람들이 사용하는 수표로 현금 휴대의 불편함과 도난 위험을 방지할 수 있다는 장점이 있다. 본인이 서명해야만 사용할 수 있는 수표인데, 여행지 국가의 해당 은행 지점을 방문해서 현금으로 바꿔야 하는 불편함이 있다.

신용카드 사용이 대중화되면서 여행자 수표를 이용하는 사람이 크게 줄어들어 우리나라에서는 여행자 수표 사업이 2020년부터 중단됐다. 그래서 요새는 은행 외환 시세표의 T/C 항목에 환율이 표시되지 않는다. 여행자 수표가 거래되었을 당시 고객이 여행자 수표를 살 때의 환율은 현찰보다는 싸지만, 전신환 환율보다는 약간 비싼 수준이었다.

외국에서 친척이 결혼 축의금 등의 명목으로 외화 수표를 보내주는 경우가 있다. 이 수표를 은행에 가져가면 원화로 받을 수 있는데 이때 적용되는 환율이 '외화 수표 환율'이다.

매매기준율을 중심으로 각종 환율을 비교하면 오른쪽 위의 표와 같다. 단, 수수료율(스프레드spread)은 하나의 사례로 제시한 것일 뿐이며, 은행 및 시기에 따라 스프레드 크기는 조금씩 다르다.

외환 시세표에 고시된 달러 매매기준율이 1,300.00이다. 고객이 달러 현찰을 살 때는 은행이 수수료율 1.75%만큼을 더해 1,322.75원이다. 달러 현찰을 팔 때는 수수료율 1.75%만큼을 빼 1,227.25원이다.

매매기준율을 중심으로 한 수수료율

	수수료율	높음
현찰 살 때	+1.75%	
여행자 수표 살 때	+1.02%	
송금 보낼 때	+0.978%	
매매기준율	0	
송금 받을 때	-0.978%	
여행자 수표 팔 때	-1.03%	
현찰 팔 때	-1.75%	낮음

외환 시세표

통화	현찰		송금		T/C 살 때	외화 수표 팔 때	매매 기준율
	살 때	팔 때	보낼 때	받을 때			
미국 USD	1,322.75	1,277.25	1,312.70	1,287.30	0.00	1,284.70	1,300.00
유로 EUR	1,462.03	1,404.99	1,447.84	1,419.18	0.00	1,416.86	1,433.51

기준일 : 2024년 1월 2일 | 고시회차 : 244회차 | 고시시간 : 11시 23분 35초
출처: 하나은행

14

환율이 오르면
누가 웃고 누가 울까?

환율 뉴스에 신경 쓰는 사람들이 많아졌다. 옛날에는 무역하는 사람들이나 정부 관리들 정도가 관심을 가졌을 뿐인데 말이다. 사람들이 하는 일과 처한 상황이 워낙 다양하므로, 환율이 오르면 이득을 얻는 사람과 피해를 보는 사람이 함께 발생하기 마련이다.

환율이 오르면 누가 웃고 누가 울까? 달러 환율이 오르면 달러의 값어치가 비싸지고 원화의 값어치가 싸진다는 사실만 인지하면 이를 구분하는 일은 그리 어렵지 않다. 개인부터 생각해 보자.

달러를 가지고 있는 사람이 웃고, 달러가 필요한 사람이 운다.

달러가 필요한 사람은 해외여행을 가려는 사람이나 해외 유학을 떠나는 사람, 해외 유학 중인 자녀에게 생활비를 보내는 사람 등이 있을 것이다. 해외에서 필요한 생활비가 만 달러라면 이를 마련하기 위한 원화가 환율 상승분만큼 늘어나므로 이들의 부담이 커진다. 수입품을 구매하는 소비자도 불리해진다. 달러 환율이 1,200원에서 1,300원으로 오르면, 수입 가격이 10달러인 상품은 우리나라 시장에서 12,000원에서 13,000원으로 비싸지기 때문이다.

기업은 어떨까? 달러 환율이 오르면 수출 기업이 웃는다. 여기에는 두 가지 이유가 있다.

첫째, 상품을 10달러에 수출한다고 하자. 기업이 수출 대금으로 받은 10달러를 환전하면 12,000원에서 13,000원으로 증가한다. 수출 가격에 변화가 없음에도 수출로 얻는 이득이 그만큼 커진다.

둘째, 수출하는 상품의 가격을 낮출 여지가 생긴다. 예를 들면 10달러에 수출하던 상품을 9.2달러로 수출할 여력이 생긴다. 그래도 원으로 환산하면 예전과 같은 크기의 이득을 얻을 수 있다. 수출 상품의 가격을 낮출 수 있으므로 국제 시장에서 가격 경쟁력이 높아지고 이전보다 더 많이 수출할 수 있다.

수출 기업이 웃을 때 수입 기업은 운다. 국내에서의 판매 가격이 상승하므로 수입품에 대한 수요가 감소해 영업이 힘들어진

환율이 오르는 경우

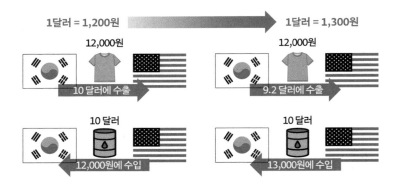

다. 수입 상품이 부품이나 원자재라면 생산비가 그만큼 더 비싸지므로 수익성이 나빠진다.

달러로 빚을 지고 있는 기업도 부담이 커진다. 빚을 상환하기 위한 달러를 환전하는 데 원화가 더 많이 필요해지기 때문이다.

환율 상승은 국가 경제에도 영향을 미친다. 환율이 올라 수출이 증가하면 수출 관련 기업들의 매출과 고용이 증가한다. 총수요가 증가하므로 국내 경기가 활발해지는 선순환을 기대할 수 있다. 또한 수출이 증가하고 수입이 감소하므로 무역수지가 개선된다. 무역에서 흑자를 기록하면 달러가 우리나라로 유입된다. 이렇게 유입된 달러 중 일부는 외환보유고로 쌓인다.

환율이 오르는데 왜 물가도 오를까?

우리나라에서 환율 상승은 경제 전방위에 걸쳐 가격을 올리는 방아쇠 역할을 한다. 수많은 수입품의 가격이 일제히 오르기 때문이다. 국제 시장에서 원유 가격이 인상되면 수입 원유의 비용만 오르지만, 환율 상승은 원유뿐 아니라 우리나라가 수입하는 모든 제품의 가격을 전반적으로 올려 그 파급 효과가 이만저만이 아니다.

특히 우리나라는 석유를 비롯한 에너지와 각종 원자재 수입 의존도가 상당히 높다. 쌀을 제외한 식량의 자급률도 낮아서 환율 상승으로 인한 물가 상승 압력에 취약하다. 주요 부품이나 중간재 역시 상당 부분 수입에 의존하고 있다.

수입품의 가격이 두루 오르니 국내 물가가 꿈틀거린다. 예를 들어 라면이나 과자를 제조하는 회사는 밀과 식용유를 수입하느라 더 많은 돈을 쓰고, 생산비가 늘어나므로 제품 판매가를 인상한다. 밀가루의 수입 가격 인상은 빵집, 분식점, 국수 가게에 두루 영향을 미친다.

물가가 오르면 당연히 소비자들의 생활이 팍팍해진다. 소득은 늘지 않는데 생활비가 많이 들어가니 노동자들은 기업에 임금 인상을 요구하게 된다. 인건비 인상은 다시 생산비를 늘게 되고, 이는 또다시 제품 가격 인상으로 이어져 물가를 자극하는 연

환율 상승이 초래하는 물가 상승

환율 상승 ▶ 수입 원자재 비용 증가 ▶ 생산비 증가 ▶ 제품 가격 인상 ▶ 물가 상승

쇄 반응이 일어난다.

환율 상승으로 국내 물가가 오를 때 경제 주체마다 느끼는 고통의 크기는 다르다. 환율 상승은 수출에 유리하므로 수출을 많이 하는 기업은 돈을 벌 수 있어 그나마 다행이다. 그러나 주로 내수에 의존하는 기업은 물가 상승으로 인한 고통을 고스란히 받는다.

수입품 가격이 상승하면 수입품에 대한 수요량이 감소하고 대신 국산품 수요량이 증가하는 대체 효과를 기대할 수 있다. 하지만 이 효과를 기대하려면 수입품을 대체할 수 있는 국산품이 존재하며, 그 국산품의 품질이 수입품과 비슷하다는 전제 조건이 필요하다.

물가는 왜
오르기만 할까?

　재화 하나하나의 가치를 돈으로 환산한 게 가격이다. 서비스에는 가격이란 말도 붙이긴 하지만 보통 요금이라고 한다. 시장에서 거래되는 많은 재화의 가격과 서비스의 요금을 종합해 측정한 게 '물가'다. 따라서 특정 재화나 서비스 가격이 오르는 것과 물가가 오르는 것에는 큰 차이가 있다. 내가 즐겨 먹는 과자나 라면 가격이 올랐다고 물가가 오른 건 아니다. 많은 재화와 서비스 가격이 두루 오를 때 비로소 물가가 오른다.

　물가가 꾸준히 오르는 현상을 '인플레이션', 꾸준히 내리는 현상을 '디플레이션'이라고 한다. 경제가 성장하는 과정에서 어느 정도의 완만한 인플레이션은 피할 수 없다. 그래서 정부나 경제학자의 목표는 물가 안정이지, 물가 불변이 아니다. 아마 정부가 물가를 안정시키기 위한 정책을 세운다는 뉴스는 들어봤어도 물가를 고정시키기 위한 정책을 세운다는 뉴스를 접한 적은 없을 것이다. 물가가 전혀 오르지 않게 하려면 경제 성장을 포기해야 한다.

물가가 오르는 원인은 상품 가격이 오르는 원인과 본질에서 같다. 어느 상품의 수요가 공급보다 많으면 가격이 오르고 상품 공급이 감소하면 가격이 내리는 원리를 알고 있다면 물가가 오르는 원인도 이해하기 어렵지 않다.

경기가 좋아지면 대개 물가가 오른다. 경기가 좋아진다는 말은 가계의 소비, 기업의 투자, 국가의 수출이 잘된다는 말이다. 즉 경제 전반에 걸쳐 수요(이를 총수요라고 한다)가 늘어나므로 여러 재화와 서비스 가격이 두루 올라 물가가 상승한다.

총수요가 늘어나니 기업은 생산을 늘린다. 부품, 원자재, 노동에 대한 수요도 덩달아 늘어나므로 이들 가격도 따라서 올라 생산비가 비싸진다. 이에 따라 각종 상품 가격이 오르고 물가도 오른다. 이처럼 수요가 유발하는 인플레이션을 '수요 견인demand-pull 인플레이션'이라고 한다.

경기가 나빠도 물가가 오르는 이유는?

경기와 상관없이 물가가 오르기도 한다. 환율 상승이나 국제

정세 불안정으로 수입 원자재 가격이 오를 때다. 국내 경제 상황과 관계없이 원유를 비롯한 주요 원자재 가격이 오르면 여러 제품의 생산비가 두루 비싸지므로 물가가 오른다.

이와 같이 생산비가 인상돼 유발되는 물가 상승을 '비용 인상cost-push 인플레이션'이라고 한다. 경제의 생산 측면, 즉 공급 측면에서 유발되는 인플레이션이다.

경기도 좋지 않은데 수입품 가격이 올라 물가마저 오른다면 경제는 최악의 상황에 놓일 수 있다. '스태그플레이션' 상황이다. 스태그플레이션은 경기 침체를 뜻하는 스태그네이션stagnation과 인플레이션inflation의 합성어이다.

스태그플레이션이 최악인 이유는 마땅히 대처할 경제 정책 수단이 없다는 데 있다. 경기 침체를 극복하려고 돈을 풀거나 경기를 부양하는 수단을 쓰면 인플레이션이 더 심해진다. 인플레이션을 잡으려고 긴축하면 경기가 더 침체한다. 이러지도 저러지도 못하는 진퇴양난 상태에 빠지는 것이다.

물가를 지속적으로 오르게 하는 건 무엇일까?

총수요 증가나 생산비 증가만으로는 장기적으로 인플레이션이 지속되는 현상을 충분히 설명하지 못한다. 경기라는 게 좋아졌다 나빠졌다를 반복하므로 장기적으로 물가를 오르게 하지는 못하기 때문이다. 수입품 가격도 계속 오르기만 하지는 않는다. 일시적으로 급등했다가도 진정되는 일이 반복된다.

그렇다면 물가가 장기적으로 꾸준히 오르는 원인은 무엇일까? 그 답을 돈에서 찾는 경제학자들이 많다. 정부가 시중에 유통되는 통화량을 계속 늘리기 때문에 물가가 지속적으로 오른다고 주장하는 경제학자들을 통화주의자monetarists라고 한다. 통화주의자를 대표하는 밀튼 프리드먼은 "인플레이션은 언제 어디서나 화폐 현상이다"라는 유명한 말을 남겼다.

물가를
어떻게 측정할까?

　가격은 가격표 등의 표시 덕분에 오르고 내리는 걸 쉽게 목격하고 측정할 수 있다. 그렇다면 물가가 얼마나 오르고 내리는지는 어떻게 알고 어떤 방법으로 측정할 수 있을까?

　잠깐 주식시장을 살펴보자. 우리나라 주식시장에는 2,500개가 넘는 종목이 거래되고 있다. 이 전체 종목의 주가 변화를 종합적으로 파악하려고 코스피 지수, 코스닥 지수, 코스피 200 같은 여러 종류의 주가지수를 만들었다. 마찬가지로, 수많은 상품의 가격 변화를 종합해 파악하기 위해서 '물가지수'라는 것을 작성한다. 여러 재화와 서비스 가격을 적당한 방법으로 종합해서 평균값을 구한 것이다. 기준연도의 물가지수를 100으로 놓고 지금의 물가지수가 얼마인지를 재면 기준연도부터 지금까지 물가가 얼마나 올랐는지 파악할 수 있다. 가령 어느 시점의 소비자물가지수가 107이라면 기준시점부터 이 기간까지 물가가 7% 오른 것이다.

포함하는 종목에 따라 여러 종류의 주가지수가 있는 것처럼, 어떤 상품을 고려하느냐에 따라 물가지수도 나뉜다. 국내 생산자(기업)들이 구매하는 원자재, 부품, 에너지, 서비스 등의 가격을 조사해 작성하는 게 '생산자물가지수PPI'다. 일종의 도매가격을 조사하는 셈이다. 생산자물가지수는 한국은행이 작성한다.

기업이 구매하는 물건들의 가격이 오르면 생산자물가지수가 오르고, 기업은 궁극적으로 소비자에게 파는 상품의 가격을 올린다. 따라서 생산자물가지수는 소비자들이 구매하는 상품의 가격 변화를 예측하는 데 유용한 예언자가 된다.

'GDP 디플레이터'라는 물가지수도 있다. 명목 국내 총생산을 실질 국내 총생산으로 나누어 산출한다. 국내 총생산은 한국은행이 작성하고 있으니, GDP 디플레이터 역시 한국은행이 발표한다.

$$\text{GDP 디플레이터} = \frac{\text{명목 GDP}}{\text{실질 GDP}} \times 100$$

이 외에 수출 상품의 가격을 조사해서 작성하는 '수출물가지수', 수입 상품의 가격을 조사해서 작성하는 '수입물가지수'도 있다. 수출입 상품의 가격 변화가 국내 물가에 미치는 영향이나 수출입 상품의 원가가 어떻게 변동하고 있는지를 측정하려는 목적에서 작성하는 물가지수들이다. 역시 한국은행이 작성한다.

소비자물가는 어떻게 측정할까?

물가지수 가운데 누가 뭐래도 사람들에게 가장 익숙한 건 '소비자물가지수CPI'다. 도시 가계가 주로 구매하는 품목들을 선정한 뒤 가격을 조사해 산출하는 물가지수다. 소비자들이 주로 구매하는 물건들로 구성되어 있어 우리 생활과 가장 밀접하게 관련되어 있다. 뉴스 등에서 물가 또는 물가 상승 같은 이야기를 할 때는 대부분 소비자물가지수를 염두에 둔다.

소비자물가지수는 통계청이 작성한다. 워낙 언론에 자주 등장하니, 소비자물가지수에 대해서는 조금 자세하게 알고 있는 게 좋다.

가계가 소비하려고 구매하는 재화와 서비스는 일일이 셀 수 없을 정도로 많다. 이 모든 것의 가격을 조사하려면 비용과 시간이 엄청나게 많이 든다. 유사한 상품들은 가격 움직임도 비슷하니 모든 상품을 다 조사하는 건 비효율적이기도 하다. 그래서 소비자물가지수는 대표적인 '품목'만 선정해 가격을 조사한다. 상품 대신 품목이라고 하는 이유는 쌀이나 라면처럼 '상품=품목'인 것도 있지만, 냉동식품, 즉석식품, 레저용품, 운동용품 등은 그 속에 여러 상품이 포함되어 있기 때문이다.

도시 가계의 지출 내역을 조사해서 월평균으로 기준 금액 이상을 지출하는 품목을 엄선한다. 2020년 기준으로는 458개 품목이 선정되었다. 즉 소비자물가지수는 이 458개 품목의 가격을 조사해 평균값을 구한 것이다.

세금, 저축, 투자, 상환 이자, 건강보험료 등은 가계 지출에 속하긴 하지만 소비로 보기 어려워 소비자물가지수 품목에서 제외된다. 주택, 주식이나 채권, 토지를 구매하기 위한 지출 역시 재산 증식을 위한 것이므로 소비자물가지수 품목이 아니다. 달리 말하면, 집값 상승은 소비자물가지수에 반영되지 않는다는 뜻이다.

가계의 소비 구조는 시대에 따라 달라지므로 기준 금액 이상을 지출하는 품목이 새로 등장하는 한편, 기준에 미달해 탈락하는 품목도 생긴다. 따라서 통계청은 5년마다 기준연도를 바꾸며 조사 품목을 조정한다. 2020년에는 넥타이, 연탄, 프린터 등이 월평균 지출 기준액에 미달해서 탈락했다. 교복, 고등학교 납입금, 학교 급식비는 무상화 정책 영향으로 조사 품목에서 빠졌다. 반면에 망고, 아보카도, 식기세척기, 마스크, 쌀국수 등이 새 품목으로 추가되었다.

소비자물가지수의 추가 및 탈락 품목

기준연도	추가된 품목	탈락한 품목
1970	상추, 목장 우유, 방세, 흑백 TV, 냉장고, 선풍기, 화장지 등	된장, 엿, 장국밥, 명주, 판재, 벽돌, 펜촉, 구두약 등
1980	마요네즈, 케첩, 세탁기, 분말커피, 컬러 TV, 전기밥솥, 전철 요금 등	흑백 필름, 건빵, 바나나, 약주, 와이셔츠 세탁료 등
1990	수입 쇠고기, 치즈, 햄버거, 정수기, 식기건조기, 에어컨, 미술학원비 등	맞춤 코트, 좁쌀, 들기름, 인삼차, 병어, 성냥, 양초, 라디오 등
2000	부침가루, 볶음밥, 스테이크, 학교 기숙사비, PC방 이용료 등	녹두, 굴비, 잼, 전기다리미, 반창고, 앨범, 가스라이터 등
2010	전복, 밑반찬, 인터넷 이용료, 스마트폰 이용료, 문화 강습료 등	가자미, 청주, 한복, 캠코더, 세탁비누, 자판기 커피 등
2015	현미, 낙지, 블루베리, 파프리카, 전기레인지, 지갑, 헬스기구 등	꽁치, 잡지, 케첩, 커피 크림, 사전, 피망, 예방 접종비 등
2020	새우, 망고, 아보카도, 식기세척기, 의류건조기, 마스크, 쌀국수 등	넥타이, 연탄, 스키장 이용료, 프린터, 비데, 교복, 학교 급식비 등

어느 시장에서 가격을 조사할까?

전국에 있는 모든 가게에서 가격을 조사하려면 역시 엄청난 예산과 인력이 드니 부득이 표본을 선정한다. 통계청은 서울, 부산, 대구, 광주 등 전국 40개 도시에 위치한 소매점 가운데 약 26,000곳을 고른다. 여기에는 백화점, 대형마트, 전통시장 등이 골고루 섞여 있다. 통계청 조사 직원들이 매월 조사 대상 소매점을 직접 방문하거나 전화로 가격을 수집한다. 지역에 상관없이 전국적으로 가격이 같은 항공료, 열차 요금, 우편료, TV 수신료 등은 중앙에서 가격을 수집한다.

도시 가계가 소매점에서 구매하는 품목에는 부가가치세가 포함되어 있으므로 통계청이 수집하는 가격에는 당연히 세금이 포함된다. 만약 가격을 조사하는 기간에 조사 대상 품목이 할인하고 있다면 할인 가격을 수집한다.

왜 소비자물가지수가 유명할까?

소비자물가지수는 경제의 여러 곳에서 두루 인용되며 널리 쓰인다. 제일 먼저, 정부가 경기 상태를 판단하는 데 기초 자료로 활용한다. 경기가 상승할 때 물가가 많이 오르고 경기가 하락할 때 물가도 안정되는 등 경기와 물가는 같은 방향으로 움직이는 경향이 있기 때문이다. 따라서 정부는 경기 상태를 파악하고 대책을 마련할 때 소비자물가 상승률을 참고한다.

국민연금의 급여액을 조정할 때도 소비자물가지수가 쓰인다. 물가가 상승해 국민연금 급여액의 구매력이 하락함으로써 연금 수급자의 생활이 어려워지는 것을 예방하기 위해서 매년 소비자물가 상승률만큼 급여액을 상향 조정하는 것이다.

노동자들이 임금 협상을 할 때도 기초 자료가 된다. 최저임금을 결정할 때나 최저생계비를 조정할 때도 소비자물가지수 상승률이 중요하다.

물가 안정이 목표인 한국은행도 늘 소비자물가지수에 주목한다. 한국은행은 1997년에 한국은행법을 개정하면서 물가안정목표제라는 제도를 도입했다. 물가 상승률 목표치를 제시한 뒤에 이 목표를 달성하도록 통화 정책을 추진해가는 방식이다.

2019년 이후 한국은행이 설정해 놓은 물가 상승률 목표치는 연 2%이다. 이때 사용하는 물가지수 역시 소비자물가지수이다. 가령 소비자물가 상승률이 2%보다 높아질 것으로 예상되면, 한국은행은 물가 상승을 억제하기 위한 수단으로 기준금리 인상을 고려한다.

실제로 2022년에 한국은행은 기준금리를 인상했다. 코로나19 팬데믹에 대처하려고 한국은행이 시중에 공급한 풍부한 돈, 중국의 제로 코로나 정책 및 미국과 중국의 갈등으로 인한 공급망 차질, 러시아의 우크라이나 침공 같은 물가 자극 요인이 한꺼번에 맞물리면서 7월 소비자물가가 6.3%나 급등했기 때문이다. 목표치인 2%보다 세 배 이상 오른 상승률에 한국은행은 물가를 2% 수준으로 낮추려고 기준금리를 큰 폭으로, 그리고 매우 빠르게 올리는 칼을 휘둘렀다.

17

내가 느끼는
물가는 다른데?

소비자물가지수는 다양한 곳에 쓰이는 만큼 사람들의 관심도 많이 받는다. 그러다 보니 정부가 발표하는 소비자물가가 소비자들이 체감하는 물가와 차이가 크다는 불만이자 불신이 늘 제기된다. 정확히 이야기하면, 통계청이 발표하는 소비자물가 상승률이 사람들이 생활에서 체감하는 물가 상승률보다 낮다는 것이다.

사람들이 느끼는 물가는 '체감 물가' 또는 '피부 물가'라고 한다. 하지만 이는 엄밀하고 객관적으로 측정된 물가가 아니다. 말 그대로 주관적으로 느끼는 물가일 뿐이다. 그러니 실제 가격을 객관적으로 조사해 평균을 낸 공식 물가와 괴리가 있음은 당연하다.

체감 물가가 공식 물가와 차이 나는 까닭은?

체감 물가와 공식 물가 사이에 차이가 발생하는 데는 여러 원인이 있다.

첫째, 제일 중요한 요인은 물가에 포함하는 품목의 범위가 다르다는 점이다. 공식 소비자물가지수에는 가계의 지출액이 일정 수준을 넘는 458개 품목만 포함된다(2020년 기준). 만약 여기에 포함되지 않는 상품의 가격이 오르면 사람들은 물가 상승을 체감하지만, 소비자물가지수는 하등의 영향을 받지 않는다. 예를 들어 집값이 그렇다. 집값이 급등하면 집을 소유하고 있는 사람이나 세입자나 예외 없이 심리적으로 물가가 많이 올랐다고 느낀다. 그러나 집값은 소비자물가지수 품목이 아니므로 공식 물가에는 영향을 주지 않는다.

체감 물가는 사람에 따라서도 다르다. 직장인, 주부, 학생, 연금 생활자가 느끼는 체감 물가는 제각각이다. 1인 가구는 월세·전기·연료 관련 요금이 올랐을 때, 학생 자녀가 있는 가구는 학원비나 문구류 가격이 올랐을 때 물가가 많이 올랐다고 느낀다. 하지만 이런 품목을 별로 소비하지 않는 사람은 물가 상승을 피부로 느끼지 못한다.

둘째, 가중치도 중요한 요인이다. 소비자물가지수는 품목마다 다른 가중치를 부여한 평균값으로 구한다. 지출 비중이 큰 품목일수록 소비자물가지수에 큰 영향을 미치는 구조이다. 반면 지출 비중이 작은 품목은 공식 물가에 미치는 영향이 적다. 그렇지만 소비자들은 물가를 체감하면서 가중치까지 생각하지는 않는다. 어떤 품목의 가격이 10% 오르면 그냥 물가가 10% 오른 것으로 단정 짓는다.

셋째, 구매 빈도도 작용한다. 1년에 한 번이나 몇 년에 한 번 구매하는 상품이라면 가격 변화에 둔감하지만, 자주 구매하는 식료품값이 상승하면 지출 규모가 작더라도 물가가 많이 올랐다고 느낀다.

넷째, 심리적 요인 때문이다. 사람들은 심리적으로 가격이 오른 것은 오래 기억한다. 반면 가격이 내린 것은 비교적 쉽게 잊어버리거나 무시한다. 공식 물가는 이런 변화를 통계적으로 반영해 물가가 중립적이라고 말하는데, 사람들은 가격이 오른 상품에 지배당해 체감 물가가 높다고 느낀다.

체감 물가와 가까워질 수 없을까?

체감 물가와 공식 물가 사이의 차이를 완전히 해소하는 건 불가능하다. 다만 공식 물가에도 근본적인 한계가 분명히 존재하므로 통계청은 이 문제를 해결하려고 다각도로 노력하고 있다. 적어도 5년에 한 번씩 소비자물가지수에 포함하는 품목을 조정하고 가중치를 수정하는 것이 대표적이다. 변화하는 소비자의 생활양식을 최대한 반영하기 위한 시도다.

통계청은 소비자물가지수 외에 여러 보조 지표를 함께 작성함으로써 소비자들이 체감하는 물가와의 거리를 좁히려 애쓰고 있다.

'생활물가지수'가 대표적인 보조 지표다. 소비자물가지수에 포함하는 품목에는 가전제품처럼 몇 년에 한 번 구매하는 상품이나 뷰티 미용료 등 일부 소비자만 구매하는 품목도 있다. 이런 품목은 일상생활의 소비와 거리가 있다. 그래서 소비자들이 자주 구매하고 지출 비중이 비교적 높아 가격 변동을 민감하게 느끼는 품목만 추출해 따로 작성하는 물가지수가 생활물가지수다. 생필품의 가격을 측정하는 물가지수인 셈이다.

여기서 한발 더 나아간 '신선식품지수'도 있다. 소비자물가지수를 구성하는 품목 가운데 육류, 생선류, 채소류, 과일류만 골라 따로 작성하는 물가지수다. 신선식품은 기상 조건이나 계절에 따라 가격 변동이 크다는 공통점이 있다. 물론 가공식품은 여기에 포함하지 않는다.

이런 보조 물가지수는 소비자가 장바구니를 들고 시장에 갔을 때 느끼는 물가와 비교적 가깝다는 뜻에서 '장바구니 물가지수'라고도 한다.

인플레이션은
왜 골칫거리일까?

보통 물가가 오르는 것을 좋지 않은 일로 여긴다. 물가 상승률이 과거보다 조금 높아지면 예외 없이 뉴스를 통해 관련 소식이 보도된다. 왜 사람들은 인플레이션에 민감할까? 그리고 물가가 많이 오르면 어떤 문제가 생길까?

기본적으로는 물가가 전혀 오르지 않거나 내리는 것보다는 조금씩 오르는 편이 낫다. 경제가 성장하고 있으며, 현재 경기가 살아 있다는 증거이기 때문이다. 문제는 이 정도를 벗어나 빠르게 오르는 물가다. 돈의 가치가 크게 떨어져 국민 생활이 어려워진다. 인플레이션의 문제점을 지적하는 데 이보다 더 설득력 있는 근거는 없다.

인플레이션으로 유독 서민이 고통받는 이유가 뭘까?

인플레이션이 발생하면 국민의 주머니가 실질적으로 얇아지므로 마치 정부가 세금을 징수해 소득이 줄어든 것 같다. 그래서 이를 '인플레이션 조세 inflation tax' 또는 '인플레이션세'라고 한다. 정부 예산에 포함되는 정식 세금 항목이 아니어서 고지서로 통보되지 않는, 보이지 않는 세금이다.

인플레이션이 경제에 초래하는 문제는 또 있다. 물가가 오른다고 해서 모든 상품의 가격이 같은 비율로 오르는 게 아니다. 더 많이 오르는 상품이 있고 적게 오르는 상품이 있다. 그래서 값이 상대적으로 많이 오르는 상품을 보유하고 있는 사람은 인플레이션으로 이득을 본다. 반면 그렇지 못한 사람은 손실을 본다. 인플레이션이 부의 격차에 영향을 미친다는 말이다. 각자의 생산성이나 노력 여하에 따라 소득이 달라지는 일은 어쩔 수 없다 하지만, 인플레이션으로 인해 자의적으로 발생하는 격차는 받아들이기 힘들다. 불리해지는 집단은 불만이 생길 수밖에 없다.

인플레이션에서 일반적으로 손해를 보는 쪽은 화폐 자산을 보유한 사람들, 즉 은행에 예금을 한 사람들이다. 은행 예금의 가치가 하락하니 저축하려는 동기가 위축될 수밖에 없다.

반대로 가격이 오르는 실물 자산을 보유한 사람은 이득을 본다. 경험적으로 인플레이션이 발생할 때 유독 많이 오르는 자산은 집, 토지, 주식 등이다. 따라서 집을 주거의 수단으로 보는 대신 투자의 수단으로 보는 사람들이 생겨나고 투기심리가 확산한다. 투기 수요는 또다시 가격 상승의 원인이 돼 집값 상승을 가속하는 악순환이 발생한다.

이래저래 서민은 서글프고 괴롭다. 가뜩이나 소득이나 부동산이 많지도 않은데 인플레이션으로 직격탄을 맞는다. 월급이 인플레이션만큼 따라서 오르지도 않는다.

부자는 다르다. 보유한 돈의 가치가 하락하는 점은 같지만, 실물 자산이나 주식 등에 투자할 여력이 있다. 부동산 투자로 인플레이션 덕을 볼 가능성이 있다.

인플레이션 때문에 세금 부담이 늘어나는 이유는?

인플레이션의 문제점 하나를 더 생각해 보자. 사람들이 별로 인식하지 못하지만, 인플레이션으로 세금 부담도 늘어난다.

근로소득세를 보자. 개인 소득이 4,600만 원 이하이면 소득세율은 15%지만, 이를 넘어가면 세율이 24%로 높아지는 등 누진세율을 적용하고 있다.

인플레이션이 매년 2%씩 발생해서 노동자가 받는 명목임금도 매년 2%씩 올라가다 보니 어느 해에 연 소득이 4,600만 원을 넘어선 사람이 있다고 하자. 인플레이션으로 인한 구매력을 보상하기 위한 수준에서 명목임금이 인상된 것이므로 임금의 실질 가치나 구매력은 크게 달라진 게 없다. 그렇다면 이 사람의 세금 부담에도 변화가 없어야 한다.

그러나 현실은 어떤가. 세율이 명목임금을 기준으로 정해져 있기 때문에 4,600만 원을 초과하는 소득에 대해서 15%가 아니라 24%라는 높은 세율이 적용되고, 내야 하는 세금이 그만큼 많아진다.

정부가 증세를 하지 않는다고 강조함에도 국민이 내는 세금이 매년 늘어나는 이유가 여기에 있다. 자동 증세가 되는 셈이다. 소득세뿐 아니라 재산세나 상속세에도 같은 현상이 나타난다. 수십 년째 거주하고 있는 집의 가격이 올라 졸지에 종합부동산세 대상자가 되는 사람도 그렇다.

결국 인플레이션은 소득이나 재산의 가치를 과대평가하게 해 세금 부담을 늘린다. 이런 문제를 해소하려면 인플레이션을 반영하는 세율 체계를 도입해야 한다. 즉 누진세 세율이 뛰는 기준점을 물가 상승률만큼 계속 높여야 한다. 그렇지만 이는 현실적으로 실현되기 어렵다. 세법 개정이므로 국회 문턱도 넘어야 한다. 그래서 구간 조정은 상당 기간이 지난 후 간헐적으로 한 번씩 이루어진다. 조정이 되기까지는 인플레이션으로 인한 자동 증세를 국민이 감내해야 한다.

최근에 이 구간이 조정된 것은 2023년이다. 2008년 이후 무

소득세 과세표준 구간 조정

2022년까지		2023년부터	
과세표준	세율(%)	과세표준	세율(%)
~1,200만 원	6	~1,400만 원	6
1,200만~4,600만 원	15	1,400만~5,000만 원	15
4,600만~8,800만 원	24	5,000만~8,800만 원	24
8,800만~1억 5,000만 원	35	왼쪽과 동일	
1억 5,000만~3억 원	38		
3억~5억 원	40		
5억~10억 원	42		
10억 원~	45		

려 15년 만의 일이다. 기존에 6%와 15% 세율이 적용되는 과세표준 기준점이 각 1,200만 원에서 1,400만 원, 4,600만 원에서 5,000만 원으로 상향 조정됐다. 하지만 고소득 구간에 대해서는 조정이 이루어지지 않아 고소득자의 자동 증세 문제는 여전히 해소되지 않았다.

인플레이션은 금리에 어떤 영향을 미칠까?

인플레이션은 금리를 끌어올린다. 물가가 상승하면 은행이 받는 대출 이자의 실질 가치가 줄어든다. 따라서 은행은 손해를 막으려고 물가 상승분만큼의 이자를 추가로 더 받으려 한다. 이를테면 물가가 2% 오를 때 4% 금리로 대출해 주던 것을 물가가 3% 오르면 금리를 5%로 올린다. 대출금리가 오르면 기업의 투자 의욕이 꺾이고 가계의 이자 부담 증가로 소비가 위축되므로 경제의 총수요가 감소한다.

인플레이션은 수출에도 불리하게 작용한다. 인플레이션이 발생하면 국내 상품의 가격이 외국 상품보다 상대적으로 비싸져 해외 시장에서 가격 경쟁력이 약해져 수출이 감소한다. 반면 외국 상품이 상대적으로 저렴해져 수입은 증가한다. 이로 인해 국내 생산과 고용이 줄어든다.

인플레이션이 발생하면 소비도 위축된다. 물가가 오르는 만큼 노동자의 임금이나 자영업자의 소득이 비례해서 증가하지 않는 게 일반적이므로 이들의 씀씀이가 줄어든다.

19

물가가 내려가면
좋을까?

인플레이션이 경제에 여러 문제를 초래하고 사람들의 삶을
힘들게 한다면, 반대로 물가가 내려가는 디플레이션은 과연 우
리가 환영해야 할 일일까? "와! 물가가 떨어지다니" 하면서 언뜻
반기는 사람이 있을 것이다.

환영할 만한 디플레이션 세상을 상상해 보자. 획기적인 기술
혁신이 이루어진다. 산업 전반에 걸쳐 두루 쓰이는 신기술로 덕
분에 기업 생산성이 확 좋아진다. 같은 물건을 더 싸게 생산할
수 있으니 공급 가격이 하락하고 물가도 내려간다. 같은 물건이
싸게 공급되니 소비가 덩달아 늘어난다. 기업은 투자와 고용을
늘리고 임금도 많이 준다. 물가가 하락하면서도 경제가 호황을

유지한다.

이와 같은 선순환 세상이 가능해지려면 앞서 말한 기술 혁신이 그야말로 눈부셔야 한다. 이런 기술 혁신이 나타나는 일은 말처럼 쉽지 않다. 그리고 기술 혁신이 가능하다 해도, 이로 촉발된 디플레이션은 장기간 유지되지 않는다. 경기 호황으로 물가가 오르기 시작하면서 효과가 점차 상쇄되기 때문이다.

환영할 만한 디플레이션은 소설에나 나오는 이야기다. 현실은 그렇지 못하다. 현실 속 디플레이션은 심각한 경기 침체와 더불어 온다. 디플레이션은 경제를 퇴보시키는 현상이다. 그래서 인플레이션보다 더 좋지 않다는 평가를 받는다.

디플레이션이 발생하면 인플레이션과 반대로 화폐의 실질 가치가 올라간다. 이게 소비 촉진으로 이어지면 좋은데 현실은 그렇지 않다. 물가가 더 떨어진다는 기대감에 사람들은 물건값이 추가로 떨어지기를 기대하며 소비를 뒤로 미룬다. 판매 부진이 지속되니 기업은 투자와 고용을 줄인다. 파산하는 기업이 늘어나고 기업에 자금을 대출해준 금융회사도 덩달아 부실해진다.

집값이 떨어지는 시기를 생각해보면 이런 현상을 쉽게 이해할 수 있을 것이다. 집값이 떨어지기 시작하면 사람들은 바로 집을 사는 대신 더 떨어질 걸 기대하며 구매를 망설인다. 매수세가 없으니 집값은 더 떨어지고 부동산 경기는 바닥을 모른 채 추락한다. 많은 재화나 서비스 시장에서 이런 현상이 되풀이되는 게 디플레이션이다.

디플레이션 경제에서는 '물가 하락 → 소비 감소 → 기업 파산 → 생산과 투자 축소 → 실업자 증가 → 물가 하락' 등이 연쇄적으로 반복된다. 악순환의 연결 고리가 어디선가 끊어지는 계기가 발생할 때까지 불황의 늪에서 헤어나지 못한다.

디플레이션을 경험한 곳이 있을까?

우리나라에는 지금까지 디플레이션 현상이 나타난 적이 없다. 그래서 디플레이션 공포를 실감하지 못했다. 대신 역사적으로 디플레이션을 경험한 국가로부터 그 고통을 간접적으로 느낄 뿐이다.

1929년에 시작된 세계 대공황은 디플레이션의 대표적인 사례다. 상품의 공급이 수요를 초과하는 상태가 되자 재고가 쌓이고 물가가 내려가기 시작했다. 재고를 견디지 못한 기업은 고용과 임금을 줄였고, 신규 투자를 멈췄다. 실업자가 늘어나자 소비는 더욱 감소했으며 물가는 다시 내려갔다. 버티지 못한 기업들이 연쇄 파산했고, 기업에 대출해 준 은행들은 돈을 돌려받지 못해 줄도산을 맞이했다.

20세기 후반에 일본이 경험한 장기 불황도 디플레이션의 전형적인 사례이다. 엔고로 수출이 어려워졌고 부동산 시장의 거품까지 터지며 일본 경제에 본격적으로 디플레이션이 엄습했다. 1996년부터 2007년까지 일본 경제가 겪은 장기 불황을 '잃어버린 10년'이라고 한다. 이후에도 경기 회복이 제대로 이루어지지 않자 '잃어버린 20년'이란 용어가 등장했다.

디플레이션이 발생하면 중앙은행은 경기를 살리려고 금리를 인하하고 시중에 많은 돈을 푼다. 하지만 경기 회복에 확신을 갖지 못한 가계와 기업은 늘어난 돈으로 소비나 투자를 하지 않는다. 금고에 돈을 차곡차곡 쌓아놓아 불확실성에 대비하려는 심리가 우세해진다. 일본 정부는 각 가구에 현금을 나누어주면서까지 소비를 장려해 디플레이션에서 탈출하려고 했지만 결국 벗어나지 못했다. 이런 현상을 '유동성 함정liquidity trap'이라고 한다.

유동성 함정은 무엇일까?

유동성 함정을 이해하려면, 먼저 유동성liquidity이란 말부터 알아야 한다. 사전적 의미로는 액체처럼 흘러 움직이는 성질인데, 경제에서는 자산이 현금화될 가능성이라는 뜻이다. 경제학자 케인스가 처음 사용한 용어로, 돈이 경제 구석구석으로 흘러 다니는 특성을 물이 이곳저곳으로 흐르는 현상에 비유한 것이다.

부동산 자산을 생각해 보자. 부동산은 바로 현금화하기 힘들다. 또 부동산을 급히 현금화하려 할수록 제값을 받지 못하므로 현금화할 때 가치에서 손해를 볼 가능성이 크다. 그래서 부동산은 유동성이 낮다고 말한다.

주식의 유동성은 부동산보다 높다. 주식 거래가 매우 활발하므로 가치의 손해 없이 현금화하기가 상대적으로 쉬운 덕분이다. 물론 주식시장이 좋지 않을 때는 같은 주식이라도 유동성이 떨어진다. 예금의 유동성은 상당히 높다. 언제든지 마음만 먹으면 바로 현금화할 수 있어서다.

이런 식으로 따지면 자산 가운데 현금 자산의 유동성이 제일 높다. 이미 현금화되어 있는 자산이니까. 그래서 현금, 즉 돈을 유동성이라고 부르기도 한다. 시중에 유동성이 부족하다는 표현은 시중에 유통되는 돈이 부족하다는 뜻이다. 기업이 부채를 상환하거나 사업에 필요한 자금을 확보하지 못한 상태일 때, 기업의 유동성이 부족하다고 표현하기도 한다.

유동성 함정은 유동성(돈)이 함정에 빠진 것처럼, 경제에 돈이 물 흐르듯 원활하게 유통되지 못하는 상태를 말한다. 혈액순환이 잘되지 않으면 동맥 경화에 걸리듯, 경제에 돈이 잘 순환되지 않아 '돈맥 경화'가 된 상태이다.

금리가 낮아지면 기업이 투자를 확대하고 가계가 소비를 확대해야 돈이 잘 돌고 경기가 회복된다. 그런데 이런 연결 고리가 제대로 작동하지 않는 상태가 바로 유동성 함정이다. 경제에 통화량은 충분히 공급되어 있는데, 기업의 투자나 가계의 소비로 이어지지 않은 채 지갑이나 금고에 돈이 머물러 있는 상태이다.

디플레이션에는 효과가 좋은 처방약이 없다. 그래서 디플레이션의 제일 좋은 해결책은 애당초 디플레이션에 빠지지 않는 것이라는 말이 나온다. 경제에는 암과 같은 존재이다.

EconSense

시장

3장

20

독점은
왜 환영받지 못할까?

한 기업이 특정 상품의 공급을 독차지하면 독점이라 말한다. 이런 경우 소비자는 마땅한 대체재가 없으므로, 독점 기업이 생산하는 상품이 마음에 들지 않아도 울며 겨자 먹는 심정으로 소비해야 한다. 소비자의 선택권이 제약받는다. 그러니 소비자의 후생 수준이 떨어진다.

독점 기업은 자사 상품에 대한 소비자 만족도가 낮아도 크게 개의치 않는다. 상품의 질을 개선하려는 동기도 없다. 어차피 소비자의 선택은 자사 상품이기 때문이다. 따라서 독점 기업이 되면 시장에서 강력한 지배력을 행사할 수 있다. 상품 공급을 줄이면, 바로 시장 전체의 공급이 줄어들고 가격이 오른다. 이런 식으로 독점 기업은 시장 가격에 영향을 미친다. 가격을 조절할 힘을 지니는 가격 설정자 price-setter가 되는 것이다.

어느 외딴섬에 카페가 하나뿐이다. 커피 한 잔의 원가는 1,000원이다. 만약 이 섬에 카페가 많다면 경쟁 때문에 커피 한 잔의 값은 1,000원에서 크게 벗어나지 않을 것이다. 커피값을 비싸게 받는 카페에는 손님이 오지 않는다.

하지만 경쟁업체가 없는 독점이라면 얘기가 완전히 달라진다. 카페 주인이 커피 한 잔 값을 1,500원으로 정하니 하루에 100잔이 팔렸다. 2,000원으로 올리니 하루에 80잔이 팔렸다. 이제 카페 주인의 선택은 명백하다. 커피 한 잔 값으로 2,000원을 받는다. 매출은 물론 이윤도 50,000원에서 80,000원으로 늘어난다.

이처럼 독점 기업은 최대 생산 능력만큼 상품을 공급하지 않는다. 최대로 생산할 경우 시장에 공급이 많아져 가격이 하락하고 오히려 이윤이 줄어든다는 판단에서다. 대신 이윤을 최대로 할 수 있는 만큼만 상품을 생산·공급한다. 대체재가 없는 소비자는 어쩔 수 없이 비싼 값에 독점 기업의 상품을 사야 한다.

독점 시장은 왜 비효율적일까?

식당이 한 곳밖에 없으면 불친절하고 맛도 없는데 가격은 비싸다. 경쟁 식당이 진입할 수 없는 특정 시설 내 식당에서 흔히 경험하는 일이다.

이런 문제점을 해결할 마땅한 행정 수단은 없다. 식품위생법 위반이 아닌 이상 식당에 음식 맛을 개선하라든지 직원에게 친절 교육을 받으라든지 하는 행정 규제 자체가 성립하지 않는다. 제일 좋은 방법은 경쟁을 유도하는 길이다. 경쟁 식당이 있으면 정부가 간섭하지 않더라도 식당 스스로 음식 맛을 개선하고 친절하게 고객 응대를 하려고 노력한다. 경쟁이 자율 규제 장치 역할을 수행하는 것이다.

독점 시장에는 경쟁 기업의 진입이 가로막혀 있다. 덕분에 독점 기업은 장기적이고 안정적으로 이윤을 얻는다. 자원을 효율적으로 사용해 생산비를 낮추거나 더 나은 품질의 물건을 만들 동기가 약하다. 그래서 효율성이 떨어지고 자원을 낭비한다. 사회적 후생이 낮다. 사람들이 독점 시장을 좋지 않은 시선으로 바라보고, 정부가 독점 기업을 감시하는 이유가 여기에 있다.

독점이 생기는 원인은 뭘까?

다행히 현실 경제에서 독점 시장은 그리 흔하지 않다. 예외적이고 특별한 경우에나 생기는데 그중 하나가 특허 제도로 인한 독점이다.

코로나19 팬데믹으로 여러 국가와 제약회사가 저마다 백신과 치료제를 생산하려고 연구에 박차를 가했다. 가장 먼저 개발에 성공한 회사는 경쟁사가 나타나기 전까지 독점적으로 백신이나 치료제를 생산할 수 있다. 경쟁업체가 백신이나 치료제를 생산할 때까지 독점을 유지한다.

신제품 개발에 성공한 기업에 일정 기간(20년) 배타적인 권리를 줌으로써 개발에 투자한 자금을 회수할 수 있도록 하는 게 특허권이다. 특허 제도가 없다면 새로운 것을 발명하려는 동기가 심각하게 위축된다. 남의 것을 베끼는 게 경제적이기 때문이다. 그러면 소비자들이 신제품을 접할 기회가 줄어들며 산업 발전에도 도움이 되지 않는다. 그래서 특허권이라는 제도가 필요하다.

일반적으로 특허권에 의한 독점은 치열한 경쟁 때문에 오래 유지되지는 않는다. 코로나19 백신이나 치료제 역시 완전한 대체재는 아니더라도 비슷한 효능을 지닌 백신이나 치료제가 연이어 개발됨으로써 경쟁 구도가 형성되었다. 만약 특정 업체의 백신이나 치료제 효능이 타사 제품보다 압도적으로 우월하다면 그 업체의 독점 지위가 상당 기간 유지될 것이다.

프로스포츠는 왜 독점을 허용할까?

특허권 말고도 독점 기업이 생겨나는 이유는 또 있다. 지역 연고권franchise이다. 프로스포츠 시장에서 흔히 나타나는 독점 요인이다.

가령 특정 지역에서 프로야구 서비스를 공급할 수 있는 구단은 하나뿐이다. 물론 서울 같은 대도시는 복수의 구단에 지역 연고권이 주어지지만, 부산이나 광주나 대구의 프로야구 구단은 각 하나뿐으로 독점 지위를 누린다.

프로스포츠가 지역색을 기반으로 독점 체제를 유지하는 이유는 관중 동원과 흥행에 도움이 되기 때문이다. 지역끼리의 경쟁심을 유발하고 고향에 대한 애착심에 기댐으로써 구단은 수입을 늘릴 수 있다.

정부가 독점을 주도하는 시장은?

이 외에도 정부가 특별한 목적에서 경쟁 기업이 진입하지 못하게 함으로써 독점을 주도하는 경우도 있다. 과거 우리나라의 담배와 인삼 시장이 그랬다. 정부는 전매청(한국담배인삼공사의 전신)이라는 정부 기관을 설치하고 담배와 인삼을 독점 생산·판매하도록 했다.

다른 기업은 물론이고 외국산 담배 수입까지 철저하게 금지함으로써 전매청은 담배와 인삼 생산에서 완전한 독점 지위를 누렸다. 덕분에 정부는 안정적으로 막대한 세수를 확보할 수 있었다. 지금은 사기업이 담배를 생산하고 있을 뿐 아니라 수입도 허용하고 있어서 담배 시장의 독점은 사라졌다.

하지만 여전히 정부가 독점권을 행사하고 있는 게 있다. 복권이다. 기획재정부 소속의 복권위원회는 복권 발행과 판매에 대한 독점 권한을 가지고 있다. 개인이나 회사 등이 멋대로 복권을 만들어 판매하면 불법이다. 복권 판매로 얻은 수익을 공익사업에 활용한다고는 하지만, 국가가 합법적으로 도박사업을 한다는 비난을 피하기는 힘들다.

진입 장벽 여부가 중요한 이유는?

독점은 언제든지 생겨났다 사라질 수 있다. 새 기업이 창의적인 아이디어나 획기적인 기술력으로 시장을 지배하면 독점이 된다. 마이크로소프트도 에어비앤비도 그랬다. 소비자가 좋아하는 제품이나 서비스를 공급한 덕분에 독점 지위를 얻게 된 것이다. 이런 식으로 생겨나는 독점까지 정부가 막을 필요는 없으며, 막아서도 안 된다. 더 나은 아이디어나 기술을 지닌 새 기업이 독점 지위를 얻으려고 꾸준히 노력함으로써 경제가 발전하고 소비자 효용도 높아진다.

문제는 시장에 경쟁자를 막는 진입 장벽이 있느냐 없느냐이다. 특정 시장이 법이나 제도 때문에 새 경쟁자가 진입하기 어려운 장벽으로 높이 가로막혀 있다면 독점이 오래 유지되며 해당 독점 기업은 장기적으로 이윤을 얻는다. 잠재적 경쟁자도 없으니 신기술을 개발하는 노력 또한 소홀히 한다. 더 나아가 독점력을 이용해 소비자를 착취하고 불공정 행위를 하려는 유혹에 빠지기 쉽다.

반대로 진입 장벽이 없다면 독점 기업은 항상 잠재적 경쟁자의 위협을 받는다. 끊임없이 새로운 제품이나 기술을 선보이지 못하면 독점 지위를 오래 유지하지 못하고 새 기업에 시장을 내준다.

이를테면 OTT 서비스 시장에서 넷플릭스는 독보적인 존재였다. 매년 회원 수가 급증하면서 주가가 치솟고 이윤도 늘었다. 그러나 독점 지위는 오래가지 못했다. OTT 서비스 시장의 가능성을 인지한 경쟁 기업들이 속속 진입했다. 국내 기업으로 티빙, 왓챠, 웨이브, 쿠팡플레이, 해외 기업으로 디즈니플러스와 애플 TV 등이 서비스를 시작했다. 넷플릭스의 아성이 흔들렸고 지금도 OTT 서비스 시장에서는 치열한 경쟁이 이루어지고 있다.

구내식당은 독점일까?

시장을 분류할 때 상품의 범위를 어디까지로 보느냐, 시장의 접근성이 어느 정도이냐 등에 따라 독점 여부가 달라지는 애매한 측면이 있다.

가령 회사 안에 있는 구내식당을 생각해보자. 회사 건물 안에 있는 유일한 식당이므로 독점이라고 볼 수 있다. 그런데 시야를 조금 넓혀 회사 건물을 나서면 많은 식당과 경쟁 구도를 형성한다. 구내식당의 밥이 맛없으면 언제든지 외부 식당을 자유롭게 이용할 수 있다. 이런 상황이라면 구내식당을 독점이라고 보기 어렵다. 반면 회사가 아주 외딴곳에 있다면 회사 밖에도 경쟁 식당이 없으니 독점으로 볼 수 있다. 이처럼 시장을 분류할 때는 여러 측면을 종합적으로 고려해야 한다.

이런 경우도 있다. 회사 인근에 중식당이 한 곳밖에 없다. 상품 범위를 중국 음식으로 좁힌다면, 분명히 중식당은 독점이다. 그러나 음식에는 중국 음식만 있는 게 아니다. 한식, 일식, 양식, 분식 등 다양하다. 그러므로 상품 범위를 음식으로 확대한다면, 또는 점심 식사 시장으로 해석한다면 중식당은 독점이 아니며, 많은 식당과 치열하게 경쟁한다.

우체국은 독점 사업자일까? 이에 대한 해석도 마찬가지다. 단순히 편지를 부치고 받는 서비스로만 한정하면 우체국은 우리나라의 독점 사업자이다. 그러나 무엇인가를 보내고 받는 서비스로 개념을 확대하면 우체국은 독점 사업자가 아니다. 많은 택배 회사, 오토바이 퀵 서비스 사업자 등과 치열하게 경쟁하고 있다.

교통 서비스도 그렇다. 차멀미가 심하고 고소 공포증이 있는 사람에게는 철도가 유일한 교통수단으로서 독점이라 할 수 있다. 그렇지만 대부분 사람에게는 철도 외에 고속버스나 비행기 같은 대체재가 존재한다. 그러므로 철도는 독점의 지위를 완벽하게 누리지 못한다.

21

기업들은 왜
담합을 할까?

특정 재화나 서비스의 공급을 담당하는 기업이 몇 곳뿐이면, 그 시장을 '과점oligopoly'이라 한다. 통신, 라면, 극장, 전자제품 등 대기업이 참여하고 있는 시장 상당수가 이 정의에 따라 과점에 해당한다. 특히 시장에 생산자가 둘 뿐이면 '복점duopoly'이라고 한다.

과점 기업에도 나름 고민이 많다. 경쟁 기업이 어떤 전략을 선택하는지 살펴야 한다. 자신의 선택이 경쟁 기업에 영향을 미치듯, 경쟁 기업의 선택이 자신에 영향을 미치기 때문이다. 그래서 과점 기업들은 상호의존적이며, 서로 전략적 상황을 맞이한다. 상대방의 반응을 고려해 자신의 선택을 결정하는 상황이란 뜻이다.

과점 기업이 선택하는 전략 방향은 크게 두 가지로 정리할 수 있다. 하나는 각 기업이 알아서 각자도생의 길을 따르는 것이고, 다른 하나는 서로 협조해서 공생의 길을 따르는 것이다.

각자도생의 길은 멀고도 험하다. 시장에 3개의 과점 기업이 있고 각 기업이 선택할 수 있는 옵션이 N개씩 있다고 하면, 세 기업의 선택에 의해 나타날 가짓수는 총 N×N×N개이다. 만약 N이 3이라면 27가지, 5라면 125가지, 10이라면 1,000가지 등 기하급수적으로 늘어난다. 이처럼 많은 경우의 수를 일일이 따져 각 기업에 최선의 결과를 주는 선택 하나를 고르는 일은 AI가 아니고서는 불가능에 가깝다.

그래서 과점 기업에는 무모한 경쟁을 피하고 서로 협조해서 공생의 길을 따르려는 동기가 항상 도사리고 있다. 제품 가격을 얼마로 하자, 또는 얼마씩 생산하자고 담합하는 동기이다. 담합에 성공하면 기업 사이의 치열한 경쟁이 사라지고 마치 시장에 하나의 기업만 있는 독점 시장처럼 변한다. 과점 기업들은 막대한 독점 이윤을 챙길 수 있는 것이다.

기업이 많아도 과점 시장인 이유는?

과점 시장은 여러 면에서 파악하기 복잡하다. 제일 먼저 어디까지가 과점인지를 정하는 문제도 간단하지 않다. 적은 수라는 게 몇 개까지일까? 3개인가? 아니면 5개인가?

콜라는 누구나 알고 있는 두 대기업이 시장을 양분하고 있다. 그렇다고 콜라 시장을 과점이라고 단정하는 게 옳을까? 아니면 콜라와 사이다를 포함해 탄산수 시장을 고려하는 게 옳을까? 그 것도 아니면 주스까지 포함해 음료수 시장에 기업이 몇 개나 있는지를 따지는 게 타당할까?

우리나라에 많은 신문사가 있다. 인터넷 신문까지 포함하면 그 수는 헤아릴 수 없을 정도다. 유력 일간지로만 좁히더라도 해결하기 힘든 문제가 한둘이 아니다. 신문 값은 발행 부수와 상관없이 모두 같다. 이처럼 같은 신문 값은 신문사들이 담합한 결과일까? 아니면 우연의 일치일까? 백화점은 같은 기간에 일시에 정기 세일을 한다. 이건 담합이 아닌가?

우리나라의 독점규제 및 공정거래에 관한 법률(약칭 공정거래법)에서는 단독으로 가격, 수량, 품질, 거래 조건에 영향을 미칠 수 있는 지위를 가진 사업자를 '시장 지배적 사업자'로 규정하고 있다. 그리고 시장 점유율, 진입 장벽의 존재 및 정도, 경쟁 사업자의 상대적 규모 등을 종합적으로 고려해 시장 지배적 사업자 여부를 판단한다. 현실에서 독과점 시장 여부를 판단할 때, 단순히 시장에 있는 기업의 수만으로 무 자르듯 구분하기 힘들다는 뜻이다.

담합을 하지 못하는 까닭은?

그렇다면 과점 시장에서는 기업들이 항상 담합을 통해 이윤을 얻고 있을까? 그렇지도 않다. 현실에서는 담합이 생각만큼 쉽지 않다.

우선 정부가 담합을 그냥 두고 보지 않는다. 담합은 경쟁을 제한하는 불공정 행위이므로 법으로 엄격히 금하고 있다.

또한 담합에 참여한 기업에도 담합을 깨고 배신할 동기가 내재해 있다. 담합을 유지하면 기업들이 공동의 이윤을 늘릴 수 있지만, 만약 한 기업이 담합을 어기면 혼자서 많은 이윤을 챙길 수 있다. 기업의 목적이 이윤을 늘리는 데 있으며, 이윤 확대는 주주에게도 좋은 소식이라는 점을 고려하면 담합이 깨질 가능성은 늘 잠재해 있다.

유명한 '용의자의 딜레마prisoner's dilemma'는 담합이 깨질 가능성이 있음을 적실하게 보여준다. 두 사람이 서로 협력하면 더 좋은 결과를 얻을 수 있음에도, 결국은 배신을 선택해 둘 다 나쁜 결과를 맞이하는 게 용의자의 딜레마이다.

왜 나쁜 방향으로 갈까?

죄를 저지른 것으로 보이는 용의자 A와 B가 있다. 범죄에 대한 뚜렷한 증거를 확보하지 못한 경찰로서는 둘의 자백이 중요하다. 경찰은 A와 B를 따로 격리하고 서로 만나지 못하게 한 채 다음 같은 조건을 제시한다.

> 만약 당신만 자백하면 경찰을 도와주었으니 석방이다. 하지만 당신이 자백하지 않는데, 동료가 자백하면 동료만 석방되고 당신은 5년 구형에 처한다.

이 조건을 들은 두 용의자는 고민에 빠진다. 만약 두 용의자가 만날 수 있다면 절대 자백하지 말자며 손가락 걸고 다짐하겠지만, 따로 감금되어 있어 그럴 수 없다. A와 B는 혹시 동료가 먼저 자백하는 게 아닐까 하는 불안에 휩싸인다.

용의자 A가 되어 이 딜레마를 고민해 보자. 용의자 B의 선택은 분명히 둘 중 하나다.

① B가 자백하는 경우이다. 이 경우 나도 자백하는 게 유리하다. 그래야 2년을 구형받는다.
② B가 자백하지 않는 경우이다. 이 경우도 내가 자백하는 게 유리하다. 나는 석방되기 때문이다.

용의자의 딜레마

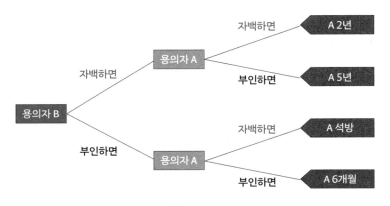

이제 용의자 A의 선택은 분명해진다. B가 어떤 선택을 하든 A는 자백하는 게 유리하다. 그래서 A는 자백한다. 용의자 B도 똑같은 조건을 제안받고 같은 딜레마에 처해 있으므로 같은 결론에 이른다. 그래서 B도 자백한다.

결국 두 용의자 모두 자백해서 각 2년씩 구형받는다. 만약 둘다 부인한다면 각자 6개월씩 구형받아 더 나은 결과를 얻을 수있었음에도, 둘 다 자백한 끝에 2년 구형이라는 더 나쁜 결과를맞이한다.

용의자 A와 B를 기업 A와 B로 바꾸고, '자백'을 '배신'으로, '부인'을 '협력'(담합)으로 바꾸면 용의자 딜레마는 과점 기업이 처하는 딜레마 상황으로 변한다. 두 기업이 담합하면 모두에 이득이

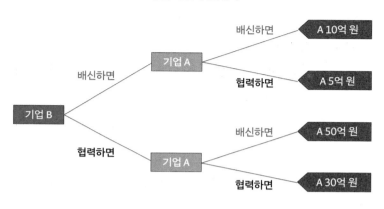

과점 기업의 딜레마

되지만, 상대방 기업이 담합 약속을 깰 가능성 때문에 고민스럽다. 약속을 깨는 기업은 혼자서 많은 이윤을 차지할 수 있고, 배신당한 기업은 그만큼 피해를 보기 때문이다. 그렇다면 차라리 담합 약속을 깨고 배신하는 편이 더 낫다는 생각이 들고, 결국 담합이 깨진다.

기업의 담합을 예방하는 제도가 있다?

담합이 확실하게 보장되지 않을 가능성이 두렵다고 담합을 완전히 포기할 기업이 아니다. 새로운 전략을 고안해낸다. 만약 특정 기업이 배신하면, 철저하게 해당 기업에 보복을 가해서 다음부터는 배신하지 못하게 한다. 이른바 '눈에는 눈 이에는 이' 전략이다.

평소에 같은 업종에 종사하는 기업끼리 관계를 돈독히 하고 주기적으로 교류하는 것도 배신을 예방하기 위한 노력이다. 서로의 관계가 긴밀할수록 동료애가 생기고 배신 동기가 줄어든다. 기업들이 협회나 연맹 같은 기구를 만들고 비용을 분담하며 주기적으로 교류하는 배경에는 이런 의도도 깔려 있다.

담합을 은밀하고 교묘하게 함으로써 공정거래위원회(공정위)의 감시를 피하는 방법도 있다. "지키는 사람 열이 도둑 하나를 당하지 못한다"는 속담처럼 수사권이 없는 공정위가 수많은 기업의 은밀한 담합 행위를 일일이 적발하는 건 현실적으로 어렵다.

그래서 공정위가 고심 끝에 1997년에 도입한 정책이 있다. '리니언시 leniency 제도'다. 우리말로는 '자진 신고자 감면 제도'라고 한다. 리니언시는 관대, 관용, 너그러움이란 뜻의 영어 단어이다. 담합 행위를 자진 신고하는 기업에 대해서는 처벌을 면제하거나 처벌 수준을 낮춰줌으로써 담합에 가담한 기업의 자수를 유도하는 정책이다. 중세 가톨릭교회가 고해성사를 받고 면죄부를 발행해준 것과 비슷하다.

우리나라에서는 제일 먼저 담합을 자진 신고하는 기업은 과징금 100%를, 두 번째로 자진 신고하는 기업은 과징금의 50%를 면제해 준다. 물론 두 기업이 담합한 경우에는 2순위 기업의 면제 혜택은 없다.

리니언시 제도는 앞에서 얘기했던 용의자의 딜레마 게임을 정책에 응용한 것이다. 담합에 참여한 모든 기업이 침묵하면 죄는 드러나지 않고 이득을 얻는다. 그런데 선착순으로 경감 혜택을 제공하면, 침묵보다는 배신의 이득이 커져서 배신을 택하고 죄를 자백하는 기업이 나올 것이라는 논리다.

실제로 리니언시 제도 도입 이후, 공정위의 담합 적발 실적이 눈에 띄게 늘어났다. 상당수가 자진 신고였기에 기업의 담합 행위를 적발하는 데 매우 효과적인 제도임이 입증되었다. 제도의 이름과 달리, 기업에는 무섭고 두려운 제도이다. 물론 불공정 행위인 담합을 하지 않으면 전혀 두려워할 필요가 없겠지만 말이다.

리니언시 제도는 담합을 예방하는 효과도 있다. 기업들은 누군가가 자수할 수 있다는 생각에 서로 믿지 못하고 섣불리 담합을 시도하거나 참여하지 않는다.

리니언시 제도의 문제점은?

마키아벨리는 "목적이 수단을 정당화한다"고 말했다. 오늘날 이 말에 동의하는 사람은 많지 않을 것 같다. 리니언시 제도가 기업의 담합 행위를 적발하고 공정 경쟁 질서를 유지하는 데 도움된다는 데는 이견이 없지만, 비판의 목소리도 적지 않다.

담합을 해놓고서도 자진 신고를 하거나 조사에 협조했다는 이유로 과징금을 면제해주거나 깎아주는 것은 공정하지 못하다는 비판이 적지 않다. 죄를 저지른 사람이 자수하면 용서해주는 것과 다름없다.

정부가 기업의 배신을 정책적으로 유도한다는 비판도 있다. 심지어 리니언시 제도를 악용하는 기업도 생긴다. 담합에 참여해서 부당하게 이득을 취했음에도 제일 먼저 이 사실을 자진 신고하면 과징금을 면제받는다는 점을 악용하는 것이다. 자신은 재빠르게 신고해 과징금을 면제받고 경쟁 기업은 과징금을 내게 하는 꼼수다.

이런 비판에도 담합으로 소비자들이 피해를 입는 것보다는 수단 방법을 가리지 않고 담합을 적발해 피해를 줄이는 편이 더 낫다는 시각도 있다. 세계 주요국이 사용하는 제도라는 점도 리니언시 제도 유지에 힘을 싣는다.

22

주중보다
주말이 비싼 이유는?

수제 케이크 가게가 있다. 이 가게는 케이크 하나에 3만 원을 받는다. 케이크를 만드는 비용은 2만 원이며 손님 A와 B에게 하나씩 팔아 2만 원의 이윤을 남긴다.

가게 주인은 A와 B가 케이크를 좋아하는 선호가 달라 케이크 값으로 낼 의사가 있는 '최대' 금액(지불의사금액)이 다르다는 사실을 우연히 알게 되었다. 즉 A는 3만 원보다 더 낼 생각이 전혀 없어 3만 원이 지불의사금액이다. 하지만 B는 케이크를 아주 좋아해서 지불의사금액이 4만 원이다.

이제 가게 주인은 케이크를 A에게는 3만 원, B에게는 4만 원에 판다. 같은 케이크이지만 가격을 다르게 불러 이윤을 2만 원에서 3만 원으로 늘리는 데 성공했다. 이처럼 같은 상품을 값을 달리해 판매하는 것을 '가격차별'이라고 한다.

소비자마다 선호, 소득, 재산, 처한 여건이 달라 상품에 대한 지불의사금액은 제각각이다. 특정 상품에 대해 강한 선호도가 있거나 소득이 많은 사람은 그렇지 않은 사람보다 지불의사금액이 높은 편이다. 만약 기업이 소비자 개인별로 지불의사금액을 파악할 수 있고 가격을 다르게 책정할 힘을 갖고 있다면, 수제 케이크 가게처럼 소비자마다 지불의사금액에 해당하는 가격을 책정하는 방법으로 이윤을 늘릴 수 있다. 이를 '1급 가격차별' 또는 '완전 가격차별'이라고 한다.

1급 가격차별은 현실에서는 실행 불가능한, 개념적으로나 가능한 것이다. 수많은 소비자를 대상으로 지불의사금액을 일일이 파악하는 일은 불가능하다. 그나마 1급 가격차별에 비교적 가까운 사례가 경매다. 낙찰자가 되려면 다른 응찰자보다 높은 가격을 제시해야 하므로 낙찰자의 제시 가격은 경매품에 대한 지불의사금액에 비교적 가까워진다. 경쟁이 치열해져 극단적으로 낙찰가가 지불의사금액과 같아진다면 1급 가격차별 효과가 구현된 셈이다.

휴대폰 단말기를 새로 구매할 때 흔히 경험하는 일이 하나 있다. 단말기 가격을 문의하는 고객에게 매장 직원은 시장 가격을 바로 답하지 않고 "얼마까지 알아보고 오셨어요?" 같은 질문을 던진다. 이에 대한 고객의 반응을 보고 지불의사금액을 간접적으로 추론하려는 시도이다. 1급 가격차별을 위한 시도로 볼 수 있다.

누가 차별을 받을까?

현실 경제에서 기업은 3급 가격차별 전략을 활용한다. 소비자 개개인의 지불의사금액을 파악하지 못하니 소비자의 배경이나 특성을 기준으로 몇 개의 집단으로 구분해 가격을 다르게 책정하는 전략이다.

예를 들어 연령을 기준으로 소비자를 성인과 청소년, 또는 고령자로 구분해 값을 서로 다르게 책정한다. 청소년에게 놀이공원 이용료나 영화 관람 가격을 싸게 해주거나 고령자에게 통신비를 할인해주는 사례가 3급 가격차별에 해당한다. 청소년이나 고령자에게 싸게 받는 착한 정책이라고 보는 시각도 있지만, 일반 성인에게 비싼 값을 받는 정책으로 보는 시각도 가능하다.

그렇다면 왜 하필 청소년에게 영화 관람 가격을 할인해줄까? 주로 용돈에 의존하는 청소년은 가격에 매우 민감하다. 조금이라도 비싸면 구매를 망설인다. 뒤집어 이야기하면 값이 조금 싸면 많이 구매한다. 이럴 때 수요의 가격 탄력성이 크다고 말한다. 수요가 가격 변화에 탄력적이라는 뜻이다. 수요의 가격 탄력성

L 놀이공원의 파크 이용권(2024년 1월 기준)

구분	베이비	어린이	청소년	어른
1일권	15,000원	46,000원	52,000원	59,000원
야간권	15,000원	35,000원	41,000원	47,000원

이 크면, 값이 오를 때 수요량이 많이 줄어들거나 값이 내릴 때 수요량이 많이 늘어난다.

이제 극장은 청소년들의 수요가 가격에 탄력적이라는 사실을 이용해 영화 관람 가격을 할인해 준다. 가령 10% 할인해 주면 영화를 보려는 청소년들이 10%보다 많이 늘어나 극장 매출이 증가한다.

일반 성인은 청소년보다 수요의 가격 탄력성이 작다. 즉 가격 변화에 덜 민감하다. 그래서 가격이 조금 비싸지더라도 수요량이 별로 줄어들지 않는다. 기업의 좋은 먹잇감이 되는 셈이다. 관람 가격을 10% 올리더라도 영화를 보려는 수요량은 이를테면 5% 정도만 줄어든다. 역시 극장 매출이 증가한다.

이처럼 기업은 수요의 가격 탄력성이 큰 소비자 집단에 대해서는 값을 싸게, 수요의 가격 탄력성이 작은 소비자 집단에 대해서는 값을 비싸게 책정함으로써 3급 가격차별을 시도한다.

우리가 흔히 '바가지를 씌운다'고 하는 것이 실은 가격차별인 셈이다. 다만 가격차별은 고객을 체계적으로 분류해서 가격을 일관성 있고 공개적으로 차별하는 전략인 데 비해서, 바가지는 가게 주인의 기분에 따라 즉흥적으로 가격을 차별하는 행위라 할 수 있다.

왜 주중보다 주말이 비쌀까?

철도, 비행기, 호텔 요금에는 공통점이 있다. 주중 요금보다 주말 요금이 비싸다. 서비스를 제공하는 기업으로서는 주중이든 주말이든 공급하는 비용에서 별 차이가 없다. 그럼에도 주중과 주말을 구분해 요금을 다르게 책정하므로 가격차별이다.

이 경우 가격을 차별하는 기준은 시간이다. 주말에 이용하는 고객은 대부분 주중에는 직장이나 학교 등에 묶여 있어 여행하기 힘들다. 가족여행을 하려는 사람들은 대안이 없으므로 주말에 여행할 수밖에 없다. 이들의 수요는 가격에 비탄력적이다. 그렇다면 기업은 주말에 이용하려는 고객들의 요금을 비싸게 책정할 수 있다.

극장은 시간을 더욱 세분한다. 조조할인, 낮, 심야에 따라 관람료가 달라진다. 시간에 따라 시장을 구분해 가격을 다르게 책정한다는 점에서 3급 가격차별이다.

성별에 따른 가격차별도 이론적으로 가능하다. 남자와 여자의 가격 탄력성이 다른 상품이 있다면 성별에 따른 가격차별이 가능하다. 남자와 여자의 입장료를 차별해서 받은 옛 일부 나이트클럽의 예를 들 수 있겠다. 하지만 성별 차별은 매우 예민한 문제라 이윤보다는 오히려 역풍을 맞을 우려가 커 기업이 드러내고 가격차별을 하기 힘들다. 유럽에서는 보험회사가 여자보다 남자에게 자동차 보험료를 비싸게 책정했다가 EU의 금지 조치를 받았다. 이에 대해서 보험회사는 성별과 사고율 사이의 상관관계가 매우 강하다는 사실을 근거로 보험료 차별 정책이 정당하다고 주장한다.

2급 가격차별도 있을까?

1급 가격차별과 3급 가격차별을 알아봤다. 그렇다면 2급 가격차별도 있을까? 있다.

슈퍼마켓에서 작은 용량의 과자와 큰 용량의 과자를 놓고 고민하는 사람을 생각해 보자. 분명히 작은 용량의 과자가 한 번에 먹기에 적당하지만, 단가가 비싸 망설여진다. 단가를 놓고 보면 분명히 작은 용량의 과자를 사는 게 비합리적이다. 그래서 고민 끝에 큰 용량의 과자를 산다. 기업의 2급 가격차별 정책에 넘어간 사람이다. 구매하는 수량이 많을 때 값을 싸게, 구매하는 수량이 적을 때 값을 비싸게 책정해서 대량 구매를 유도하는 전략이

2급 가격차별이다.

이동통신 요금에서도 2급 가격차별이 이루어지고 있다. 데이터를 많이 사용할수록 1GB당 요금이 내려가는 구조로 되어 있기 때문이다. 또 일정 요금 이상을 내면 데이터를 무제한으로 사용할 수 있다. 그래서 고민 끝에 무제한 요금제에 가입하는 사람이 많지만, 정작 데이터를 그만큼 이용하지는 않는 사람이 많다고 한다.

2급 가격차별의 유형은 무척 다양하다. 우선 묶음 판매가 있다. 라면 1개는 700원에 판매하면서 5개 한 묶음은 3,000원(개당 600원)으로 책정한다. 콜라 1병은 600원인데 12병 묶음은 6,800원(병당 567원), 24병 묶음은 12,000원(병당 500원)을 받는다. 소비자가 한꺼번에 많이 사도록 유도하는 것이다.

'2개 사면 1개 공짜' 전략도 2급 가격차별의 사례다. 하나만 사려고 한 소비자라도 이 문구를 보는 순간 마음이 흔들린다. 하나만 더 사면 3개가 되어 개당 구매 단가가 순식간에 크게 낮아지기 때문이다.

쿠폰이 2급 가격차별의 수단으로 쓰이기도 한다. 온라인 쇼핑몰에서 5만 원 이상 구매 고객에게 20%를 할인해 주는 쿠폰을 준다. 원래는 3~4만 원 정도를 구매하려고 했던 소비자는 할인쿠폰을 쓰려고 무리해서라도 5만 원 이상을 채운다.

자주 오는 고객에게 보상을 제시하는 것도 2급 가격차별의 일종이다. 카페에서 커피 10잔을 마시면 한 잔을 공짜로 제공하는 전략이 이에 해당한다. 고객이 커피를 더 많이 마시도록 유도하는 보상 정책이다. 공짜 커피에 현혹된 고객들은 가격이 조금 비싸더라도 그 카페를 자주 찾게 된다.

창고형 할인매장은 아예 회사 전체가 2급 가격차별을 기본 정책으로 채택하는 곳이다. 모든 상품의 기본 단위를 일반 슈퍼마켓보다 훨씬 크게 설정하는 대신에 단가를 저렴하게 책정함으로써 매출을 늘린다.

정말 손해 보며
장사하는 걸까?

　기업이 생산 활동을 하는 목적은 이윤에 있다. 만약 손실을 본다면 생산을 중단하는 게 상식이다. 하지만 손실을 보고 있다고 무작정 생산을 중단해서는 안 된다. 경우에 따라서는 손실이라도 계속 생산하는 게 더 낫다. 왜 그럴까?

　비밀은 생산비 구조에 있다. 기업이 생산을 위해 쓰는 비용은 크게 '고정비(고정 비용)'와 '변동비(가변 비용)'로 구분할 수 있다. 고정비는 생산량의 많고 적음과 무관하게 늘 일정 금액이 들어가는 비용이다. 반면 변동비는 생산량에 연동해서 늘어나는 비용이다.

　카페를 예로 생각해 보자. 커피 생산을 위해 지출하는 비용으

고정비와 변동비

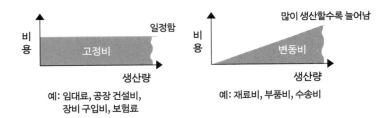

예: 임대료, 공장 건설비,
장비 구입비, 보험료

예: 재료비, 부품비, 수송비

로는 원두 구입비, 종이컵 등 재료비 외에 매장 임대료, 직원 급여, 전기요금, 수도요금 등이 있다. 이 비용 항목 가운데 매장 임대료와 직원 급여는 고정비에 해당한다. 손님이 많든 적든 빌딩 주인에게는 매달 정해진 임대료를, 직원에게는 약속한 급여를 고정적으로 줘야 한다.

재료비는 변동비에 속한다. 손님이 적으면 커피 원두나 음료 재료가 덜 필요하므로 구입비가 적게 든다. 커피와 음료를 많이 만들면 재료비도 따라서 늘어나는 구조다.

전기요금과 수도요금 같은 것은 조금 복잡하다. 손님 수와 관계없이 실내조명을 켜고 음악을 틀어놓아야 한다는 점에서는 고정비로 볼 수 있다. 또한 기본요금이 있다는 점도 고정비 성격에 해당한다. 한편 손님이 많아 커피를 많이 만들수록 물과 전기를 많이 써야 하고 사용 요금이 늘어난다는 점에서는 변동비로 볼 수 있다. 고정비와 변동비 성격이 다 있는 것이다.

기업의 생산 활동 여부를 가르는 변동비

매출에서 총비용(=고정비+변동비)을 빼면 이윤이 나온다. 매출이 총비용보다 많다면 이윤을 벌 수 있으므로 기업은 당연히 생산 활동을 해야 한다.

이윤 = 매출 - (고정비 + 변동비)

그런데 매출이 부진해 총비용보다 적은 경우가 있다. 손실을 피할 수 없다. 그렇다고 바로 생산을 멈춰야 한다는 뜻은 아니다. 매출이 변동비보다 많은지 적은지를 따져야 한다.

매출이 총비용보다 많은 경우

매출이 변동비보다 많다고 하자. 이 경우 생산을 중단하면 매출은 0이며, 변동비도 들어가지 않는다. 그래도 고정비는 계속 들어간다. 코로나19 팬데믹으로 사회적 거리 두기를 해 영업을 할 수 없었을 때도 임대료와 급여는 꼬박꼬박 나가야 한다. 대출로 비싼 장비를 구매한 공장은 직원 집단 휴가로 생산을 멈추더라도 대출 이자는 변함없이 내야 한다. 즉 생산을 중단하면 고정비만큼의 손실이 발생한다는 결론에 이른다.

생산을 중단하는 경우의 손실 = 고정비

만약 기업이 계속 생산한다면 매출이 변동비보다는 많으므로 변동비는 물론이고 고정비까지 일부 메울 수 있다. 손실을 피할 순 없지만, 생산을 중단하는 것보다는 손실의 크기가 줄어든다. 그러므로 손실을 최소화한다는 목적에서 기업은 계속 생산하는 게 합리적이다.

생산하는 경우의 손실 = 고정비 + 변동비 - 매출

매출이 총비용보다는 적지만 변동비보다 많은 경우

마지막으로, 매출이 변동비보다도 적은 경우이다. 이때 기업이 생산한다면 매출이 변동비도 충당하지 못할 정도로 적으므로 변동비에서도 손실이 발생한다. 반면 생산을 중단하면 고정비만큼의 손실만 발생한다. 그러므로 생산을 중단하는 편이 손실을 줄인다.

매출이 변동비보다도 적은 경우

요약하면, 생산 과정에서 매출이 적어 손실이 발생하더라도 매출이 변동비를 충당할 수 있다면, 생산을 유지하는 게 합리적이다. 손실이라고 앞뒤 가리지 않고 덥석 생산을 중단해서는 안 된다는 뜻이다.

변동비 비중이 높은 기업이 왜 불황에 잘 견딜까?

기업마다 총비용에서 고정비와 변동비가 차지하는 비중은 제각각이다. 유통업이나 중간 거래상 같은 경우는 일반적으로 변동비가 차지하는 비중이 높다. 발생하는 비용의 대부분이 본사로부터 상품을 매입하고 소매점에 공급하는 과정에서 발생하기 때문이다.

변동비 비중이 높은 기업은 생산량과 매출이 늘어나면 변동비도 따라서 늘어나므로 이윤이 증가하는 속도가 상대적으로 더 디다. 반면 생산량과 매출이 줄어드는 불황기에는 변동비가 줄어들고 고정적으로 들어가는 비용이 적어 상대적으로 잘 견딜 수 있다.

대규모 시설이나 공장이 필요한 제조업체는 보통 고정비가 차지하는 비중이 높다. 설비와 공장 건설에 많은 자금이 투자되고 시설 관련 감가상각비가 많은 경향이 있다. 여기에 직원도 많이 필요하다.

이런 기업은 고정적으로 지출하는 비용이 많으므로 매출 규모가 중요하다. 매출이 증가할 때마다 상품 1개를 생산하는 데 들어가는 평균 비용(단위 비용)이 꾸준히 줄어든다. 이를 '규모의 경제 현상'이라고 한다. 이는 상품 1개를 팔 때마다 얻는 이윤이 점차 많아진다는 뜻이기도 하다.

그러므로 고정비 비중이 큰 기업은 매출 규모가 중요하다. 매출이 많아야 손익 분기점을 넘길 수 있다. 매출이 손익 분기점을 넘어 기업이 성장하는 시기에는 이윤도 빠르게 증가한다. 반대로 생산량과 매출이 줄어드는 시기에는 비용을 줄이는 데 한계가 있고, 고정비를 계속 지출해야 하므로 이윤에 심각한 타격이 가해진다.

24

금융은
왜 중요할까?

　한 농부가 종자를 살 돈이 없어 농사를 짓지 못하고 있었다. 이때 누군가 돈을 빌려주었다. 덕분에 농부는 종자를 사 농작물을 재배했고, 가족은 물론 주변 마을 사람들까지 풍성한 식탁을 즐길 수 있게 되었다. 농부는 빌린 돈을 갚고 여윳돈까지 남겼다. 다음 해에 농부는 돈을 빌려 농기구를 샀다. 그 결과 생산성이 높아져 쌀을 더 많이 생산할 수 있었다.

　이런 선순환이 가능한 것은 농부가 돈을 빌릴 수 있었기 때문이다. 돈을 빌려준 사람은 남아도는 돈을 그냥 놀리는 대신에 생산 증대에 유용하게 썼다. 금융의 역할과 중요성을 보여주는 단적인 상황이다.

'금융'은 돈을 융통하는 일이다. 즉 돈을 빌려주고 빌리는 일이다. 자본주의가 발달하고 경제 규모가 커지면서 금융의 역할도 중요해지고 커졌다. 옛날에는 단지 실물 경제를 지원하고 보조하는 역할이었다면, 지금은 실물 경제와 대등한 위치로 올라섰다. 때로는 금융이 실물을 좌지우지할 정도다.

개인의 경제생활에서 금융의 역할이 확대된 배경에는 값비싼 내구재나 주택의 등장이 있다. 금융이 원활하지 않다면, 값비싼 자동차나 주택을 구매할 수 있는 사람은 돈이 많은 극소수에 불과할 것이다. 자동차 산업이나 건설 산업은 수요가 적으면 발전하기 힘들다. 금융 시장이 발달하면서 돈이 많지 않은 사람도 비싼 내구재나 주택을 구매할 수 있게 되었으며 관련 기업들은 생산을 확대할 수 있게 되었다.

기업도 돈을 필요로 한다. 만약 금융이 발달하지 않은 상태라면, 사업을 하는 데 필요한 돈을 보유한 사람만 기업가가 될 수 있다. 아무리 좋은 사업 아이디어가 있어도 창업에 나서지 못한다.

기업을 더 크게 키우는 데도 금융의 역할은 필수적이다. 금융이 발달하지 않았다면, 우리가 알고 있는 세계적인 기업은 대부분 현재의 그 자리에 없을 것이다.

정부도 금융과 매우 밀접한 관계에 있다. 경기가 침체일 때 정부는 국채를 발행해 돈을 빌린 뒤, 이 돈으로 정부지출을 확대함으로써 경제에 활력을 불어넣는다.

이처럼 경제 활동이 원활하게 이루어지려면 금융이 뒷받침되어야 한다. 반대로 2008년 글로벌 금융위기처럼, 금융 시장에 문제가 생기면 실물 경제가 충격을 받아 어려움에 빠진다.

돈을 실컷 풀면 안 되는 이유

경기 침체니 불황이니 하는 뉴스가 종종 나온다. 지갑에 돈이 넉넉하게 있으면 적극적으로 소비해서 경기를 살리는 데 일조할 텐데, 안타깝게도 돈이 없어 그러지 못한다. 이럴 때 한국은행이 시중에 돈을 실컷 뿌려 마음껏 쓰게 하면 될 텐데, 왜 그렇게 하지 않을까?

정부가 그러지 않는 데는 그럴 만한 이유가 있다. 사실 돈은 교환의 매개 수단이므로 돈 자체가 주는 직접적인 효용은 없다. 그 돈으로 필요한 걸 살 수 있다는 데 돈의 효용이나 가치가 있을 뿐이다.

돈(통화량)만 많아지면 돈의 가치 하락은 불을 보듯 뻔하다. 이른바 휴지 조각이 되는 것이다. 같은 상품을 사는데 1만 원을 냈던 사람들이 2만 원을 내고서라도 사려고 한다. 자연스럽게 물가가 오르고 인플레이션이 발생한다. 돈이 많아도 필요한 물건을 사지 못하는 아이러니한 사태가 벌어질 수 있다.

나 혼자만 돈이 많아지면 부자가 되고 원하는 물건을 실컷 살 수 있다. 그러나 우리 모두 돈이 많아지면 돈의 가치가 떨어지고 인플레이션 재앙이 닥친다. 돈을 푸는 것이 만병통치약이 될 수 없는 이유가 여기에 있다.

실제로 15세기 후반부터 17세기 전반 사이 유럽에서 이런 일이 벌어졌다. 당시 막강한 군사력으로 식민지를 개척하며 세상을 지배하던 스페인은 아메리카 대륙에서 엄청난 규모의 은(금 포함)을 채굴해 가져왔다. 당시에는 은이 곧 돈이었으므로, 스페인과 주변 유럽 국가에 주체하지 못할 정도로 돈이 넘쳐났다. 반면 노동에 전적으로 의존한 탓에 농작물 등의 공급은 지지부진했다.

그 결과는 물가 상승이었다. 유럽 물가는 150년 동안 6배나 상승했다. 연평균 1.5% 정도씩 물가가 오른 것이다. 지금 기준으로 보면 별것 아니라 생각할 수 있겠지만, 당시에는 물가가 장기적으로 오르는 일이 전혀 없던 시절이라 전례 없는 물가 상승에 사람들은 매우 곤혹스러워했다. 이때의 현상을 역사학자들은 '가격 혁명'이라고 한다.

돈을 푸는 데 인색하면?

정반대의 경우도 생각해 볼 수 있다. 시중에 돈이 너무 적게 공급되면, 이번에는 사람들이 필요한 물건을 살 돈이 모자라게 된다. 공급은 있지만 수요가 없으니 물건값이 하락하고 디플레이션이 발생한다. 거래가 잘 이루어지지 않으니 경기가 가라앉는다.

시중에 유통되는 통화량은 너무 많아도 안 되지만 너무 적어도 안 된다는 뜻이다. 한마디로 적절한 양이 공급되어야 한다. 이것이 바로 중앙은행이 해야 할 제일 중요한 역할이다. 통화량을 적절한 수준으로 유지함으로써 경제 활성화는 물론이고 돈의 가치와 물가를 안정적으로 유지해야 하는 막중한 책임을 지고 있다.

한국은행이 돈을 공급하는 비결은?

한국은행의 역할은 한국은행법 제1조에 명시되어 있다. "효율적인 통화신용정책의 수립과 집행을 통하여 물가 안정을 도모함으로써 국민 경제의 건전한 발전에 이바지"하고, "금융 안정에 유의"해야 한다.

한국은행이 물가 안정, 경제 성장, 금융 안정을 동시에 도모하기 위해서 사용하는 수단이 '통화신용정책', 줄여서 통화 정책이다. 물가 안정만 추구한다면 통화 정책은 비교적 쉬운 편이다. 가급적 돈 발행을 억제해 통화량을 조이면 된다.

그러나 이렇게 운용하다간 경기 침체를 피하기 어렵다. 물가를 잡는 것도 좋지만 경기 활성화도 포기할 수 없는 목표다. 경기 활성화와 경제 성장을 통화 정책이 가로막아서는 안 된다. '물가 안정'과 '경제 성장'이라는 두 마리 토끼를 모두 잡기 위해 운용의 묘를 제대로 살린다는 게 생각처럼 쉽지는 않다.

물가가 예상보다 많이 올라 인플레이션이 심해지면 한국은행은 돈 공급을 조인다. 시중에 유통되는 통화량이 줄어들면 소비와 투자가 위축된다. 총수요가 감소하니 물가는 안정되겠지만 경기도 그만큼 위축된다. 돈을 너무 심하게 조이면 경기를 심각하게 꺾을 수 있으므로 통화량을 적절하게 잘 통제해야 한다.

반대로 물가가 안정되어 있어도 경기 침체가 심각하다면 한국은행은 돈의 공급을 늘린다. 시중에 유통되는 통화량이 많아지면 사람들의 주머니 사정이 넉넉해져 소비와 투자가 증가한다. 물론 돈을 과도하게 많이 풀면 물가를 자극할 수 있다.

한국은행이 시중에 돈을 푸는 방법은?

경기가 좋지 않고 물가 불안의 우려가 없다면 한국은행은 경기 부양을 유도하는 확대 통화 정책을 시행한다. 이를 위해서 한국은행은 기준금리를 내린다. 기준금리는 시장금리를 조절하려는 목적에서 한국은행이 정하는 정책금리다.

한국은행이 기준금리 인하를 결정해 발표한다고 그 자리에서 모든 일이 끝나는 건 아니다. 이제 시작일 뿐이다. 기준금리 인하

발표는 시중의 모든 금리가 내려가게 하겠다는 방향성을 밝힌 것일 뿐이며, 이때부터 이 목표가 실현되도록 여러 수단을 동원해야 한다.

이때 한국은행이 주로 사용하는 구체적 수단에는 두 가지가 있다. 은행을 상대로 돈을 빌려주거나 반대로 예금을 받는 것(여·수신 제도)과 공개시장운영이다.

은행은 어디에서 돈을 빌릴까?

은행을 상대로 돈을 빌려주거나 예금을 받는다는 건 어떤 의미일까?

은행에 일시적으로 자금 여유가 많이 생기는 경우 은행은 여유자금을 한국은행에 예금한다. 반대로 은행에 일시적으로 자금이 필요해지기도 한다. 이때 한국은행이 구원투수로 나서 은행에 돈을 빌려준다. 그래서 한국은행을 은행의 은행이라고도 한다.

물론 이 거래에도 이자가 붙는다. 은행은 기준금리에 약간의 이율을 더한 수준으로 자금을 빌린다(2020년 기준으로 1%p). 기준금리가 2%라면 3%에 빌리는 것이다. 만기는 하루에 불과해서 바로 다음 날에 원리금을 상환해야 한다. 이처럼 낮은 금리로 조달한 자금으로 은행은 가계와 기업에 대출을 해준다. 이때 은행들은 한국은행에서 빌린 금리보다 높은 금리를 책정해 이윤을 남긴다.

이제 한국은행이 기준금리를 내리면, 은행이 한국은행에서 대출받는 돈의 금리가 내려간다. 따라서 은행이 가계나 기업에 대출해 주는 시장금리를 내릴 여력이 생긴다. 은행이 대출금리를 내리니 가계와 기업의 대출이 늘어나고 은행에 있던 돈이 시중으로 흘러간다. 결국 기준금리를 내린다는 말은 시중에 통화 공급을 늘려 돈을 푼다는 말이다.

금융회사는 예금에 적용하는 예금금리도 내린다. 예금하려는 사람이 줄어들므로 시중에 있는 돈이 은행으로 덜 흡수된다. 이런 원리에 의해 은행을 이용하는 가계와 기업은 기준금리 변동의 영향을 받는다.

공개시장운영이란?

한국은행이 기준금리를 인하해서 시중에 돈을 푸는 두 번째 수단인 공개시장운영 open market operation은 공개된 시장에서 한국은행이 투자자들에게 국공채를 사고판다는 뜻에서 만들어진 용어다.

한국은행이 공개시장에서 국공채를 사고파는 것은 투자를 통해 이득을 보려는 목적이 아니다. 시장금리와 통화량을 조절하려는 목적이다.

통화 정책과 공개시장운영의 원리

한국은행
BANK OF KOREA

물가 불안	특별 요인 없음	경기 침체
↓	↓	↓
기준금리 인상	기준금리 동결	기준금리 인하
↓		↓
국공채 매각		국공채 매수
↓		↓
은행 자금 감소		은행 자금 증가
↓		↓
시장 금리 상승		시장금리 하락
↓		↓
소비와 투자 감소		소비와 투자 증가
↓		↓
총수요 감소		총수요 증가
↓		↓
물가 안정		경기 회복

〈긴축 통화 정책〉　　　　　　　　〈확대 통화 정책〉

　가령 한국은행이 기준금리 인하를 발표했다고 하자. 그러면 한국은행은 기준금리 인하에 맞춰 시장금리도 내리도록 공개시장운영에 나선다. 그리고 이를 위해 은행 등이 보유하고 있는 국공채를 공개적으로 사들인다. 이에 상응하는 돈이 한국은행에서 은행 쪽으로 공급되며 이 돈은 궁극적으로 시중으로 흘러 나간다. 그러면 시중에 유통되는 통화량이 늘어나며 시장금리가 내려간다. 한국은행은 의도한 수준으로 시장금리가 내려갈 때까지 공개시장에서 국공채를 매수한다.

반대로 한국은행이 기준금리를 인상하면, 한국은행이 보유하고 있는 국공채를 공개시장에서 은행 등에 판다. 은행이 국공채를 사들이면 이에 상응하는 돈이 한국은행으로 이동하므로 시중의 통화량은 감소하고 시장금리가 오른다.

한국은행이 기준금리를 변경하면 이와 같은 과정을 거치며 금융 시장의 각종 금리가 따라서 변화한다. 기준금리는 시장금리의 변화를 이끄는 가이드라인이다.

26

양적완화는 무엇을 완화하는 걸까?

중앙은행이 기준금리를 낮추더라도 경기 부양 효과가 제대로 나타나지 않는 경우가 있다. 이미 기준금리가 0%에 이르러 더 낮추기도 힘든 상황에 처하기도 한다. 이럴 때는 교과서에서 이야기하는 전통적인 통화 정책에 더 이상 의존할 수 없다. 비상 대책이 필요하다. 그래서 고안해낸 방법이 '양적완화 정책'이다. 중앙은행이 돈을 새로 발행한 후 이 돈으로 직접 채권을 사들여서 시중에 돈을 푸는 것이다. 영어권에서 'Quantitative Easing'이라고 하는 것을 직역한 것으로, 시중에 유통되는 통화의 양을 느슨하게(늘어나게) 만든다는 뜻이다.

경기 부양을 위해 중앙은행이 통화량 공급을 늘린다는 점에서는 전통적인 통화 정책과 같다. 하지만 금리 인하라는 정책 수단을 매개로 해서 통화량을 공급하는 전통적인 통화 정책과 달리, 양적완화는 돈을 직접 푸는 방식에 의존한다는 점에서 차별화된다. 또한 양적완화는 중앙은행이 새로 발행한 돈을 푼다는 차이점이 있다.

양적완화를 처음 시행한 나라는?

양적완화라는 새롭고 적극적인 통화 정책을 처음 시도한 나라는 잃어버린 10년으로 장기 경기 침체에서 벗어나지 못한 채 디플레이션으로 시름하고 있던 일본이다. 경기 회복을 위해 금리를 꾸준히 인하한 탓에 제로 금리 수준까지 이르러 더는 낮출 여력이 없는 지경이었다. 그럼에도 일본 경기는 침체에서 벗어나지 못했다.

이에 일본 중앙은행이 엔화를 찍어 이 돈으로 채권을 사들임으로써 시중에 돈을 대량으로 공급하는 양적완화 정책을 시도했다. 2001년의 일이었다. 아베 총리는 2013년에 집권하면서 채권을 무제한으로 사들여 돈을 무제한으로 푸는 매우 강력한 아베노믹스를 강행했다.

일본이 양적완화 정책을 시작한 이후 비슷한 상황에 놓인 국가들이 이 정책을 사용하기 시작했다. 2008년 글로벌 금융위기로 금융 시장이 불안해지고 경기 침체가 심각해진 미국 역시 양적완화를 시행해 달러를 엄청나게 많이 공급했다. 미국은 코로나19 팬데믹으로 경기가 침체한 2020년부터 다시 무제한 양적완화를 시도한 바 있다.

양적완화의 끝, 테이퍼링

양적완화 덕분이든, 다른 요인 덕분이든 경기가 원하는 수준으로 회복되면 중앙은행은 양적완화로 과도하게 풀었던 돈을 서서히 거둬들인다. 그렇지 않으면 심각한 인플레이션과 지나친 통화 가치 하락이라는 부작용이 나타난다. 긴급하게 공급했던 과잉 현금을 회수하는 출구 전략이 필요하다.

이런 정책을 '테이퍼링 tapering'이라고 한다. 'taper'는 점점 가늘어진다는 뜻이므로 양적완화를 되돌린다는 의미를 이해할 수 있을 것이다. 중병에 걸린 환자를 중환자실에 입원시키는 것을 양적완화, 치료를 마치고 퇴원을 준비하는 단계를 테이퍼링에 비유할 수 있다.

양적완화나 테이퍼링은 우리 경제에도 커다란 영향을 미친다. 양적완화로 넘쳐났던 달러의 일부는 우리나라에 들어와 부동산이나 주식을 사는 데 쓰였다. 그러나 테이퍼링으로 미국이 돈줄을 조이면 달러가 귀해진다. 자연스럽게 외국인들은 국내 부동산이나 주식을 팔고 달러로 바꿔 떠난다. 달러 값이 비싸지고 환율이 오른다. 이를 막으려면 국내 금리를 올려야 하는데, 금리 인상은 경기 활성화에 걸림돌로 작용하니 고민스러울 수밖에 없다.

주식시장에도 악재로 작용한다. 양적완화로 유입되었던 외국 자금이 다시 미국 등으로 빠져나갈 가능성이 크므로 주가가 하락한다.

마이너스 금리란?

은행에 돈을 맡기면 쥐꼬리만 해도 이자를 받는 것이 우리가 알고 있는 상식이다. 그런데 이런 상식이 통하지 않는 세상이 있다. 이른바 마이너스 금리(외국에서는 '네거티브 금리'라고 한다)가 등장했기 때문이다. 금리가 마이너스라는 게 무슨 의미일까?

은행에 돈을 맡기면 이자를 받기는커녕 돈을 맡긴 수수료(보관료)를 내야 한다는 뜻이다. 이런 상황이라면 사람들이 굳이 은행까지 가서 예금을 하기보다는 차라리 집에 보관하려고 할 것이다. 이른바 '장롱 예금'이다. 이런 말도 안 되는 것 같은 상황이 2010년대 중반, 유럽의 일부 국가(스위스, 스웨덴)와 일본에서 실제로 있었다. 제로였던 금리를 중앙은행이 더 낮춰 마이너스로 한 것이다. 왜 그랬을까?

은행은 고객의 예금 가운데 일부를 중앙은행에 의무적으로 예치해야 하는데, 이 돈을 '지급준비금'이라고 한다. 고객이 예금을 인출할 때 은행이 내주지 못하는 사태를 예방하기 위해서다.

그런데 경기가 좋지 않아 가계와 기업이 대출을 통해 돈을 빌려가지 않자 은행에는 돈이 넘쳐났다. 은행은 의무적으로 맡겨야 하는 지급준비금보다 더 많은 돈을 중앙은행에 예치하기 시작했다. 이에 중앙은행이 지급준비금을 초과하는 돈을 맡기면 보관 수수료를 내는 마이너스 금리를 적용하기로 한 것이다. 보관 수수료를 내면서까지 중앙은행에 돈을 맡기지 말고, 대출 이자를 적게 받더라도 적극적으로 가계와 기업에 대출을 해주라는 강력한 메시지다.

경기가 워낙 좋지 않아 디플레이션 상태에서 벗어나지 못할 때 경기를 부양하기 위한 극단의 조치가 마이너스 금리다. 돈이 있으면 은행에 예금하지 말고 소비하거나 대출을 받아 투자에 쓰도록 유도하는 수단이다.

일본에는 장롱 예금 규모가 상당하다. 특히 고령자들이 집에 현금을 보관하는 사례가 많다. 마이너스 금리는 아니더라도 금리 수준이 워낙 낮으니 이자가 무시해도 좋을 만큼 적어서 굳이 은행에 예금할 필요성을 느끼지 못하는 탓이다. 물론 재산이 정부에 노출되는 것을 싫어하는 심리와 상속세 같은 세금을 회피하려는 목적도 있다.

27

기준금리는
누가 정할까?

한 나라의 경제를 좌우하는 이토록 중요한 기준금리는 도대체 누가 정할까? 대통령일까? 기획재정부 장관일까? 모두 아니다.

우리나라의 기준금리는 한국은행에 설치된 금융통화위원회가 결정한다. 금융통화위원회는 한국은행의 최고 의사결정기구로서 통화 정책에 관한 주요 사항을 심의·의결한다.

금융통화위원회의 구성원은 7명이다. 한국은행 총재와 부총재가 당연직으로 포함된다. 나머지 5명의 위원은 한국은행 총재, 기획재정부 장관, 금융위원회 위원장, 대한상공회의소 회장, 전국은행연합회 회장이 1명씩 추천하며, 모든 위원은 대통령이 임명한다.

한국은행 총재의 임기는 4년, 부총재 임기는 3년이다. 모두 한 차례 연임할 수 있다. 나머지 금융통화위원의 임기는 4년이며, 역시 연임이 가능하다. 한국은행 총재는 자동으로 금융통화위원회를 대표하는 의장이 된다.

금융통화위원회는 매달 둘째 주와 넷째 주 목요일에 정기회의를 개최한다. 1년에 24회 정기회의를 여는 것이다. 해당일에 특별한 일이 있는 경우에는 가까운 다른 날(보통 수요일이나 금요일)에 한다. 분기 말에 해당하는 3, 6, 9, 12월에 열리는 회의는 금융 안정 회의로 불리는데 우리나라와 세계의 경제 상황을 점검하는 일을 주목적으로 한다. 그리고 나머지 회의에서 통화 정책 방향을 결정한다.

경제 전반에 영향을 주는 기준금리

한국은행의 기준금리 변경은 경제의 여러 부문에 두루 영향을 미친다. 우선 자산 가격이 영향을 받는다. 기준금리가 하락하면 주식, 채권, 부동산 등 자산에서 얻을 수 있는 미래 수익이 증가하므로 자산 가격이 상승한다. 이런 자산을 보유하고 있는 가계 입장에서는 가치가 증가하므로 소비를 늘린다.

환율도 영향을 받는다. 다른 나라의 금리는 그대로인데 우리나라 금리만 하락하면 국내 자산의 수익률이 외국 자산보다 상대적으로 낮아지므로 외화가 해외로 유출되거나 우리나라로 유입되는 외화가 줄어든다. 우리나라 외환 시장에서 달러가 귀해지니 달러 값이 오르고 원화 가치는 하락한다.

금융통화위원회가 금리를 쉽게 내리지 못하는 이유는?

이처럼 기준금리는 경제 전반에 엄청난 파장을 몰고 온다. 따라서 금융통화위원회는 기준금리 변경을 매우 신중하게 결정한다.

이를테면 기준금리를 내려야 할 만큼 경기가 좋지 않은 상태지만, 금융통화위원회가 섣불리 금리를 내리지 못하는 경우가 발생한다. 주택 가격과 가계부채 문제 때문이다.

기준금리를 내리면 대출이 늘어날 게 분명하다. 대출을 받아 주택을 사려는 수요가 증가하는 것이다. 가뜩이나 불안한 주택 가격에 기름을 붓는 일이 되는 걸 염려하지 않을 수 없다.

이뿐 아니라 그렇지 않아도 많아서 문제인 가계부채가 더 늘어나게 된다. 자칫하면 한국은행이 가계부채 팽창을 조장했다는 비난을 받는다. 그래서 경기만 본다면 기준금리를 당장 내려야 함에도 차마 그러지 못하고 동결하는 딜레마에 빠지는 경우가 있다.

미국 연준이란?

미국에서 기준금리를 결정하는 곳은 연방준비제도이사회Federal Reserve Board, FRB이다. 연방준비제도Federal Reserve System, FRS는 미국 중앙은행의 이름이다. 더 정확하게 이야기하면 중앙은행 시스템이다. 미국은 전국을 12개 지구로 나누고 지구별로 중앙은행 역할을 담당하는 12개 연방준비은행을 설치했다. 뉴욕을 기반으로 한 대형 은행들이 모든 권력을 쥐고 흔드는 일을 방지하려고 지방 분권형 중앙은행 체제를 도입한 것이다. 이를 통합해서 부르는 이름이 연방준비제도이다. 줄여서 '연준'이라 하고, 미국에서 통하는 약칭은 'The Fed'다.

이들 12개 연방준비은행을 통괄해서 운영하는 조직이 워싱턴 DC에 소재한 연방준비제도이사회다. 이사회의 의장이 미국 중앙은행의 총재 역할을 한다. 중앙은행 총재와 지역별 연방준비은행 총재들이 모여 정기적으로 개최하는 회의가 '연방공개시장위원회FOMC'이다. 1년에 8차례 정기회의를 열어 미국의 기준금리를 결정한다.

매파와 비둘기파

한국은행의 금융통화위원이나 미국 연준의 이사가 회의에서 한목소리를 내는 일은 드물다. 경제 상태에 대한 각자의 생각과 그에 따른 효과적인 처방전에 대한 판단이 제각기 다른 탓이다.

이들 가운데 기준금리를 올려 시중에 있는 통화를 거둬들임으로써 물가를 안정시키는 데 중점을 두는 사람을 '매파the hawks'라고 한다. 경기에 찬물을 끼었더라도 통화 긴축을 강조하는 사람이다.

반면 기준금리를 인하하고 통화를 풀어 경기를 부양해야 한다고 주장하는 사람을 '비둘기파the doves'라고 한다. 경기 활성화를 위한 통화 완화를 내세우는 사람이다.

굳이 나누자면 중도파도 있다. 매파도 비둘기파도 아닌 중립적 성향의 사람들이다. 이들은 '올빼미파'로 불린다.

매파나 비둘기파 같은 별칭은 새의 속성에서 비롯했음을 쉽게 짐작할 수 있을 것이다. 매는 날카로운 부리와 매서운 눈매를 가지고 작은 가금류를 잡아먹고 사는 포식자다. 비둘기는 평화의 상징으로 불릴 만큼 온순한 성격을 지녔다. 그래서 강경하고 엄격한 입장을 지니는 사람을 매에, 협상과 타협을 강조하는 사람을 비둘기에 비유한다.

중앙은행이 꼭 있어야 할까?

중앙은행은 한 국가의 통화 제도의 중심으로서 다양한 역할을 수행한다. 자국 화폐를 발행하는 일부터 은행을 상대로 예금을 받고 대출을 해주는 은행의 은행 역할도 하고 있다. 더 나아가 최종 대부자로서, 은행에 돈이 부족할 때 긴급 자금을 빌려주기도 한다.

중앙은행은 정부의 은행이기도 하다. 정부가 거둔 세금 등 수입을 국고금으로 받아두었다가 정부가 필요로 할 때 내준다. 정부에 돈이 모자라면 돈을 빌려주거나 국채 발행을 대행한다.

이런 역할을 아무리 반복해서 말해도 중앙은행의 필요성이 피부에 잘 와닿지 않는 게 사실이다. 만약 중앙은행이 없다면 어떤 일이 벌어질지를 생각하는 편이 더 좋을 것이다.

한 국가의 화폐를 발행하는 중앙은행이 없다면, 각 은행이 저마다 자신의 은행권을 발행하기 시작할 것이다. 각종 은행권이 난무하는 가운데 신용도와 안전성이 떨어지는 은행이 발행한 은행권도 존재한다. 은행권 사이의 가치가 달라 국민의 일상생활과 거래에 엄청난 혼란과 불신이 발생한다. 신뢰가 떨어지는 특정 은행권을 거부하는 사람들도 생길 것이다. 한 국가를 대표하는 돈이 없다면 외국과의 거래에도 커다란 혼란과 제약이 따른다. 그래서 한 국가의 화폐를 독점적으로 발행하는 중앙은행이 필요하다.

중앙은행이 없다면 일반 은행에 문제가 생겼을 때 이를 수습하기 힘들어진다. 위기에 처한 은행을 지원하는 맏형님이 없어

한 은행의 자그마한 위기가 전체 은행으로 번질 수도 있다. 이런 우려가 현실이 되면 금융 시장, 더 나아가 경제 전체가 대혼란에 빠진다. 그래서 은행의 은행 역할을 하는 중앙은행이 필요하다.

정부의 은행 역할도 비슷하다. 정부 재정이 적자일 때 정부가 민간기업인 일반 은행에서 직접 돈을 빌리는 일은 상상하기 힘들다. 만약 정부가 돈을 빌리지 못한다면 정부는 재정 지출을 하는 데 심각한 제약이 따른다. 그래서 정부의 은행 역할을 하는 중앙은행이 필요하다.

최근 중앙은행을 비판하는 목소리가 심심치 않게 들린다. 통화 정책을 제대로 펼치지 못할 뿐 아니라 빈번한 금리 조절로 오히려 시장을 교란한다는 지적이다. 양적완화처럼 돈을 대량으로 풀어 부동산 가격 폭등이나 인플레이션을 유발한다는 불만도 있다.

비트코인을 필두로 한 각종 가상자산(암호 화폐)은 중앙은행의 독점적 발권력發券力에 정면으로 도전하고 있다. 블록체인 기술을 기반으로 탈중앙화를 시도하려는 움직임의 일환이다. 그렇다고 중앙은행이 조만간 사라지는 일은 없을 것이다.

28

은행은 내 예적금을
어떻게 관리할까?

　은행의 생명은 신뢰도다. 고객은 자신이 맡긴 돈을 언제든지 찾을 수 있다고 믿고 은행에 예금한다. 은행은 이 예금의 일부를 가계와 기업에 대출해주고 받는 이자로 수익을 창출한다. 은행이 수익을 더 많이 내고 싶으면 예금으로 받은 돈을 가능한 한 많이 대출해 주어야 한다.

　그런데 만약 은행이 지나친 욕심을 부려 예금액 전체를 대출해준다면 어떤 일이 벌어질까? 고객이 예금을 찾으려고 하는데 은행이 돈을 내줄 수 없는 사태가 벌어진다. 은행의 신뢰도는 땅에 떨어지고 은행에 돈을 맡기려는 사람은 사라질 것이다. 금융시장에 대혼란이 발생할 게 불 보듯 뻔하다.

실제로 이런 일을 겪은 사람은 없다. 이런 일이 일어나지 않도록 도입한 '지급준비제도' 덕분이다. 지급준비제도는 고객이 맡긴 예금을 언제든지 확실하게 돌려줄 수 있도록 마련해둔 안전장치다.

은행은 고객이 맡긴 예금의 일정 비율을 지급준비금으로 남겨두고 중앙은행에 예치해야 한다. 지급준비금은 은행이 지급을 위해 준비해 놓고 있는 돈이라는 뜻이다. 이 돈은 대출 용도로 쓸 수 없다. 예금 가운데 지급준비금으로 남겨두는 돈의 비율을 지급준비율, 줄여서 지준율이라고 한다.

예금별로 다른 지급준비율

보통예금의 경우 한국은행이 규정하고 있는 지급준비율은 7%이다. 은행은 고객으로부터 받은 보통예금 100억 원 가운데 7억 원은 대출 등의 용도로 쓰지 못하고 반드시 지급준비금으로 보유하고 있어야 한다는 말이다. 모든 고객이 동시에 돈을 찾아가지는 않으므로, 이 정도 비율이면 충분하다.

그런데 정기예금이나 정기적금은 고객들이 중도에 인출하는 경우가 더더욱 드물다. 매우 긴급한 일이 발생하지 않으면 대부분 만기 때 찾으므로 보통예금처럼 지급준비금이 많을 필요가 없다. 예금의 종류나 특성에 따라 지급준비율을 다르게 정할 필요가 있다는 뜻이다. 한국은행은 정기예금, 정기적금, 주택부금 같은 예금에 대해서는 지급준비율을 2%로 설정해 놓고 있다.

한편 장기주택마련저축의 경우 지급준비율이 0%이다. 장기 주택마련저축으로 들어온 예금액은 지급준비금을 마련할 필요 없이 전액 대출해줄 수 있다.

한국은행이 보통예금의 지급준비율을 7%보다 낮추면, 은행 은 더 많은 돈을 대출 등으로 운용할 수 있게 되므로 시중에 통 화량이 증가하고 시장금리도 내려간다.

옛날에는 이처럼 지급준비율을 사용해 통화 정책을 전개하기 도 했다. 하지만 근래에는 각국 중앙은행이 기준금리 조정을 중 심으로 통화 정책을 수행하고 있다. 한국은행 역시 오랫동안 지 급준비율에 손을 대지 않고 있는 상황이다.

지급준비금을 채우지 못하면?

지급준비율은 법으로 정해놓은 것이라 모든 은행은 이를 준 수해야 한다. 그리고 실제로는 법에서 요구하는 지급준비금보다 좀 더 많은 돈을 보유하는 게 관행이다.

만약 은행이 법에서 정한 지급준비금을 쌓아놓지 않고 있으 면 어떻게 될까? 한국은행이 모자라는 금액에 대해 과태료를 부 과한다.

이처럼 철저하게 운용되고 있는 지급준비제도 덕분에 은행에 맡긴 돈에 대해서 불안감을 느끼는 사람은 없다. 아주 극히 예외적인 경우를 제외하고는 말이다.

29

예금자보호제도, 믿어도 될까?

2011년에 상호저축은행 여러 곳이 영업정지를 당하는 사태가 있었다. 저축은행들이 무분별하게 대출을 해준 탓에 돌려받지 못하는 부실 채권이 많아진 것이다.

이 사실을 알게 된 예금주들은 먼저 예금을 찾으려고 너도나도 저축은행으로 부리나케 몰려들었다. 이를 '뱅크런bank-run', '대량 예금 인출 사태'라고 한다. 평소 예금주의 5% 정도만 예금을 찾는데, 예금주 대부분이 한꺼번에 돈을 찾겠다고 나서면 은행이 보유하고 있는 지급준비금이 부족해지는 것은 당연하다. 뱅크런이 발생하면 해당 은행은 파산을 면하기 어렵다.

뱅크런은 전염력이 있다는 점에서 더 무섭다. 특정 은행의 부실로 뱅크런이 발생하면, 그와 비슷하거나 지명도가 낮은 은행의 예금주들도 덩달아 불안해진다. 몇 푼 되지 않는 이자를 받겠다고 예금을 그대로 두고 불안한 밤을 보내느니 차라리 이자를 포기하는 게 낫겠다는 사람들이 뱅크런을 시도한다. 경영에 아무런 문제가 없던 은행들도 뱅크런은 감당하기 어려운 일이다.

뱅크런을 방지하는 방법은?

뱅크런을 방지하는 제일 좋은 방법은 뱅크런이 시작되지 않도록 하는 것이다. 뱅크런은 일종의 자기실현적 예언 또는 피그말리온 효과의 사례이기 때문이다. 자기실현적 예언이란 실제로 일어나지 않고 있음에도 많은 사람이 어떤 일이 발생한다고 기대하면 그 기대가 실현되는 현상이다. 가령 많은 경제 주체가 조만간 경기가 나빠질 것이라 예상하면 실제로 경기가 침체하기 시작한다. 사람들이 가계 살림을 긴축적으로 꾸리고 소비를 하지 않으므로 실제로 장사가 되지 않기 때문이다.

뱅크런 발생 가능성의 근본 원인은, 은행이 고객의 예금을 100%가 아닌 일부만 지급준비금으로 남겨두기 때문이다. 그렇다면 지급준비율을 100%로 정하면 간단히 해결될 문제가 아니냐고 생각하는 사람들이 있을지도 모르겠다. 하지만 지급준비율 100%란 그리 간단한 일이 아니다.

지급준비율이 100%라면 뱅크런은 예방할 수 있다. 그 대신 은행은 대출 영업을 하지 못한다. 은행이 예금을 고스란히 보유하고 있어야 하니 예금 이자 지급은커녕 오히려 예금 보관 수수료를 요구하는 세상이 될 것이다.

지금처럼 예금액의 일부만 지급준비금으로 남겨두는 부분 지급 준비에는 다소 위험이 따르는 게 사실이다. 이 제도를 사기라고 맹렬히 비판하는 학자도 있다. 그렇지만 소비와 대출이 편리하고 경제 성장에도 도움이 된다는 점에서 모든 국가가 이 제도를 채택하고 있다. 물론 뱅크런 같은 사태가 벌어지지 않도록 은행은 평소 신용을 높게 유지하고 무분별한 대출을 피해야 한다. 정부 역시 금융 시장과 시스템이 안정적으로 작동하도록 철저하게 감독해야 한다.

예금자보호제도가 있는데 왜 은행으로 달려갈까?

은행의 안전 경영과 정부의 철저한 감독만으로는 뱅크런 우려를 완전히 잠재우는 데 한계가 있다. 그래서 정부가 마련한 정책이 '예금자보호제도'다. 우리나라도 1995년에 이 제도를 도입했다.

예금자보호제도가 있는데도 2011년에는 왜 그토록 많은 사람이 저축은행으로 몰려들었을까? 먼저 예금자보호제도 자체를 몰랐던 사람들이 꽤 있었다. 자신의 예금이 보호된다는 사실을 몰랐으니 예금을 찾으려 은행에 달려갔음은 당연하다.

예금자보호제도를 알고 있는 사람 중에도 예금을 인출해 와야 안심할 수 있다고 판단한 사람들, 정말 정부가 예금을 돌려줄지 의문을 품은 사람들, 빨리 가면 혹시 은행에 남아 있는 돈으로 자기 돈은 내줄지도 모른다고 기대한 사람들이 뱅크런을 했을 것이다.

5,000만 원 넘게 예금한 사람들도 은행에 달려갔다. 우리나라 예금자보호제도는 원금과 이자를 포함해 1인당 5,000만 원까지만 보장한다. 이를 초과한 금액은 돌려받지 못한다. 그래서 은행이 파산하기 전에 돈을 모두 찾으려는 사람들도 있었을 것이다.

예금자보호법에 따라 정부가 예금주에게 돈을 돌려주기까지는 최소한 몇 달의 청산 절차가 걸린다. 파산한 은행에 남아 있는 자산과 부채 등을 확인해 회수 가능한 자금을 회수하고, 예금주에게 줄 금액을 정리하는 등의 작업에 상당한 시간이 필요해서 그렇다. 그러니 당장 돈이 필요한 예금주도 은행에 달려갈 수밖에 없다.

왜 5,000만 원까지만 보장할까?

예금자를 보호하고 금융 제도의 안정성을 유지하려고 제정한

게 예금자보호법이다. 예금자보호제도를 효율적으로 운영하려고 설립한 기관이 예금보험공사다.

예금보험공사는 정부가 운영하는 보험회사라고 보면 된다. 운영 원리도 일반 보험회사와 비슷하다. 평소에 은행 등 금융회사로부터 보험료를 받아 기금을 적립한다. 은행처럼 파산 가능성이 상대적으로 낮은 금융회사의 보험료율은 상호저축은행의 보험료율보다 훨씬 낮아 5분의 1에 불과하다.

만약 특정 금융회사가 예금을 지급할 수 없게 되면 예금보험공사가 기금을 활용해 대신 지급한다. 공적 보험이므로 설령 예금보험공사에 기금이 부족하더라도 채권 발행 등의 방법으로 재원을 조성해 확실히 돌려준다.

예금주가 정부로부터 보장받을 수 있는 최대 금액(예금자보호한도)을 무한대로 정하지 않는 데는 이유가 있다. 우선 무한대로 보장해 주려면 은행이 예금보험공사에 내야 하는 보험료가 많이 올라간다. 일반 보험에서 보장 범위가 커지고 확대될수록 보험료가 비싸지는 것과 같다. 은행이 내야 하는 보험료가 비싸지면 수익성이 악화되고, 은행은 이를 고객에게 전가할 테니 그 피해가 전체 고객의 몫이 된다.

예금주의 도덕적 해이라는 중요한 이유도 있다. 만약 정부가 예금액과 관계없이 모두 보장해준다면 예금주는 굳이 우량 은행을 선별해 예금할 필요가 없다. 부실하더라도 금리가 높은 은행에 전액 예금하는 게 최선이다. 문제가 생기더라도 어차피 정부가 모두 보상하니 아무 상관없다고 생각한다. 이게 도덕적 해이다.

부실한 은행에 예금한 데는 예금주의 책임도 일부 있다. 그에 대한 책임을 예금주에게 물을 필요가 있다. 그래야 예금할 은행을 고를 때도 조금 더 신경 쓰고 신중할 동기가 생긴다. 그래서 우리나라뿐 아니라 전 세계가 보호 한도를 설정한다. 우리나라는 현재 1인당 5,000만 원, 일본은 1,000만 엔, 미국은 25만 달러, 중국은 50만 위안이다.

우리나라의 보호 한도 금액은 2001년에 정한 것으로 경제 규모와 1인당 예금 규모가 많이 커졌음에도 그대로다. 주요국과 비교해도 한도가 낮은 편이다. 최근에는 보호 한도를 1억 원 정도로 높일 필요가 있다는 주장도 제기되고 있다.

모든 은행의 예금이 보장받을까?

예금자보호제도에 따라 보호 대상으로 지정된 금융회사는 은행, 보험회사, 투자매매업자, 투자중개업자, 종합금융회사, 그리고 상호저축은행이다. 신용협동조합, 새마을금고, 우체국은 보호 대상이 아니다. 그럼 이 금융회사의 예금은 예금자 보호를 받지 못하는 걸까?

아니다. 예금보험공사가 제공하는 예금자 보호를 받지 못할 뿐, 자체적으로 운용하는 동일한 제도가 있다. 신용협동조합은 중앙회가 적립하고 있는 기금으로 최고 5,000만 원까지 보장한다. 새마을금고 역시 새마을금고연합회에 마련된 준비금으로 동일하게 보장한다.

다만 우체국 예금은 조금 다르다. 우체국은 국가가 운영하고 있으므로 별도의 법에 의해 국가가 책임진다. "국가는 우체국 예금(이자를 포함한다)과 우체국 보험계약에 따른 보험금 등의 지급을 책임진다"는 우체국 예금·보험에 관한 법률 제4조를 보면 우체국 예금에는 보호 한도가 존재하지 않는다. 얼마를 맡기든 국가가 전액 보장한다.

우리나라 사람들이 거래하고 있는 모든 금융회사는 예금자보호제도의 울타리 안에 있다고 보면 된다.

금리는 왜
여러 종류가 있을까?

　금리는 돈을 사용하는 대가다. 돈이라는 상품을 사용하는 요금으로 보면 된다. 돈에 대한 수요가 증가하면 돈이 귀해지므로 사용료인 금리가 오른다. 돈의 공급이 증가하면 돈이 풍부해지므로 사용료인 금리가 내린다.

　결국 금리를 결정하는 것은 돈의 수요와 공급이다. 그러면 돈의 수요와 공급은 무엇이 결정할까? 경기, 물가, 저축 성향 등 여러 요인이 있다.

　그중 경기가 제일 중요한 요인이다. 경기 상태와 전망에 따라 기업이나 가계의 자금 수요가 영향을 받기 때문이다. 경기가 좋거나 전망이 좋아 보이면 기업은 적극 투자에 나서고 자금 수요가 증가해 금리가 오른다.

　물가도 금리에 영향을 미친다. 물가가 오르면 이자의 실질 가치가 떨어지므로 이를 보상받기 위해 더 많은 이자를 요구한다. 따라서 금리가 오른다.

　가계의 저축 성향은 주로 돈의 공급에 영향을 미친다. 은행이 대출에 사용할 자금은 주로 가계 저축에서 나오기 때문이다. 가계 소득이 줄어들거나 저축 성향이 낮아지면(즉 소비 성향이 높아지면), 은행 예금이 줄어들므로 자금 시장에 돈의 공급이 줄어들고 금리가 오른다. 주식이나 부동산 시장이 활발해지면 주식 투자나 부동산 투자에서 높은 수익률을 기대할 수 있으므로, 돈은 이 시장으로 몰리고 예금은 줄어든다.

장기금리의 이율이 높은 이유

　돈을 거래하지 않고 사는 사람은 없다. 누가 어떤 상황과 목적에서 누구와 얼마 동안 돈을 거래하느냐에 따라 서로 다른 금리가 매겨진다. 그만큼 금리의 종류가 많다는 뜻이다.

　금리에는 예금금리와 대출금리(또는 수신금리와 여신금리), 단기금리와 장기금리, 명목금리와 실질금리, 정책금리와 시장금리, 국채 금리와 회사채 금리, 고정금리와 변동금리 등이 있다. 심지어 단리와 복리도 있다.

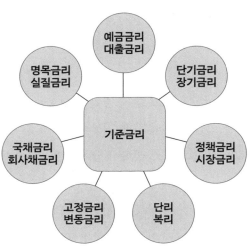

금리의 종류

금리의 종류가 많다고 골치 아파 할 필요는 없다. 따지고 보면 다른 물건도 마찬가지다. 과자만 보더라도 A사와 B사의 과자는 값이 다르다. 도매가격과 소매가격도 다르다. 소매가격도 할인마트, 슈퍼마켓, 편의점, 구내매점이 다 제각각이다. 과자 값에 이처럼 많은 종류가 있지만 서로 완전히 독립적이지 않으며 상호 일정한 관계가 있다. 일반적으로 소매가격이 도매가격보다 비싸며, 할인마트가 편의점보다 싸다. 금리에도 이런 관계가 있다.

금리는 만기 기간이 얼마나 되는지에 따라서 단기금리와 장기금리로 구분한다. 금융 시장에서 단기와 장기의 구분은 1년이다. 따라서 만기가 1년 미만이라면 단기, 1년 이상이면 장기로 구분한다. 예를 들어 만기 6개월로 적금에 가입할 때 적용되는 금리는 단기금리, 만기 24개월짜리 적금에 가입할 때 적용되는 금리는 장기금리에 해당한다.

예금이든 대출이든 일반적으로 장기금리가 단기금리보다 높다. 예금주는 단기로 돈을 맡기는 경우보다 장기로 맡겼을 때 매우 오랜 기간 돈을 쓰지 못하는 불편함을 감수해야 한다. 이를 보상하려고 프리미엄 이자를 더 많이 주는 것이다.

은행으로서도 장기금리를 단기금리보다 높일 근거가 충분하다. 예금주가 장기간 예금할수록 돈의 활용 계획을 세울 때 자유롭기 때문이다. 오래 맡긴 돈은 장기에 걸쳐 대출해 줄 수 있으니 은행 수익에 보탬이 된다. 이에 따른 보상으로 이자를 더 많이 주는 셈이다.

은행에는 대출한 사람의 여건이 어려워져서 돈을 제때 돌려받지 못할 위험이 언제나 도사리고 있다. 이 위험도는 대출 기간에 비례하기 마련이다. 대출자가 1년 안에 파산하지 않더라도 3년이나 5년 안에 예상하지 못한 상황이 생겨 파산할 위험이 커지는 게 일반적이다. 그러므로 은행은 이에 대한 보상을 더 많이 요구한다. 장기 대출금리가 단기 대출금리보다 높은 이유다.

경기 침체를 예고하는 장·단기 금리 역전

일반적으로 장기금리가 단기금리보다 높은데, 어떤 시기에는 장기금리가 단기금리보다 낮아졌다는 뉴스가 보도된다. 장기금리가 단기금리보다 낮아지는 현상을 '장·단기 금리 역전'이라고 한다. 금리 역전 뉴스에 전문가들은 긴장하고, 투자자들은 공포 심리를 느끼는데 그 이유는 다음과 같다.

경기가 나빠지면 돈에 대한 수요가 줄어들면서 금리도 떨어진다. 장기금리와 단기금리 모두 떨어진다. 그런데 유독 장기금리가 더 많이 떨어져 단기금리보다도 낮아지는 장·단기 금리 역전이 일어난다. 만기가 긴 금리가 상대적으로 더 많이 하락하는 이유는 그만큼 미래에 투자가 크게 위축되어 돈에 대한 수요도 크게 줄어들 것이라고 예상하는 사람들이 많기 때문이다.

실제로 장·단기 금리가 역전되는 현상이 발생한 뒤, 6개월에서 2년 정도 지나 경기 침체가 현실로 나타난 경우가 많았다. 그래서 금리 역전을 경기 침체의 전조 현상으로 보는 전문가들이 많다.

왜 정책금리라고 할까?

한국은행의 기준금리처럼 금융 당국이 정책을 달성하려는 목적에서 설정하는 금리를 정책금리라고 한다. 정책금리가 결정되면 금융 시장에서 여러 종류의 금리가 연동해 결정되는데, 이 모든 금리를 통틀어 시장금리, 시중금리, 실세금리 등으로 다양하게 표현한다.

정책금리가 제일 낮고 시장금리는 이보다 높다. 한국은행이 거래할 때 적용되는 정책금리는 일종의 도매가격이어서 시장금리보다 낮은 게 당연하다.

은행은 정책금리로 조달한 돈으로 시장에서 영업하면서 일정한 이윤을 더하므로 시장금리는 정책금리보다 높다. 시장금리라 하더라도 제1금융권(은행) 금리가 제일 낮으며, 제2금융권(은행을 제외한 금융회사) 금리는 이보다 높다. 대부업이나 사채업 등 제3금융권 금리는 더 높다.

복리의 이자가 더 많은 이유

금리는 물가 상승률 반영 여부에 따라 명목금리와 실질금리로 구분한다. 명목금리는 물가 상승률을 감안하지 않은 것이다. 통장이나 계약 서류에 표시된 금리가 바로 명목금리다. 실질금리는 명목금리에서 물가 상승률을 뺀 금리로 통장이나 계약서류에 기록되지 않으며, 기록할 수도 없다. 시간이 지나야 물가지수가 발표되고 물가 상승률이 얼마인지 비로소 알 수 있기 때문이다.

단리와 복리는 이자를 계산하는 방식에 따른 분류다. 처음에 거래할 때의 원금에 대해서만 약정한 금리를 적용해 이자를 계산하는 방식이 단리다. 이에 비해서 복리는 일정 기간마다 발생하는 이자를 원금에 더하고 이를 합한 원리금에 대해서 약정한 금리를 적용해 이자를 계산하는 방식이다.

계약 이후 금리의 변동 여부에 따른 고정금리와 변동금리가 있다. 시장금리가 변하더라도 처음 금융 상품에 가입할 때 약정한 금리가 그대로 유지되면 고정금리다. 반면 시장금리와 연동해서 약정한 금리가 변동하면 변동금리다.

이 외에도 금융회사들끼리 단기간에 자금을 거래할 때 적용하는 콜금리·CD금리·CP금리·RP금리와 대출을 받을 때 한 번쯤 들어봤을 우대금리·가산금리·코픽스 금리 등이 있다.

친구의 대출금리는 왜 나보다 낮을까?

사람은 성별, 종교, 출신 지역, 거주 지역, 직업 등에 의해서 차별받아서는 안 된다. 그런데 당연한 것처럼 차별을 받을 때가 있다. 바로 은행에서 대출을 받을 때다. 은행이 볼 때 제때 원리금을 상환할 능력을 갖췄는지를 판단해 금리를 차별화하기 때문이다.

사람마다 돈을 상환하는 능력에 차이가 있기 때문에 대출금리는 저마다 다르다. 가령 은행이 5년 만기로 신용 대출을 해줄 때 금리를 5.0%로 정했다고 해서 이 은행에서 돈을 빌리는 모든 사람이 같은 대출금리로 돈을 빌릴 수 있는 게 아니다.

개인의 대출금리는 세 가지 금리로 구성된다.

개인의 대출금리	=	기본금리	+	가산금리	-	우대금리

기본금리는 은행이 대출할 때 기본 바탕이 되는 금리다. 은행에서는 기준금리라고 하는데, 한국은행이 결정하는 기준금리와 구분하기 위해 이 책에서는 기본금리라고 하겠다. 주택담보대출이나 신용 대출이라면 코픽스COFIX, Cost of Funds Index 금리를, 단기 대출이라면 코리보KORIBOR를 기본금리로 활용한다.

은행이 대출하는 데 사용하는 돈은 거저 생기지 않는다. 고객이 맡긴 예금에는 예금이자를 주어야 하고, 한국은행에서 빌린 돈에도 이자를 내야 한다. 즉 은행이 대출 재원을 조달하는 데 들어간 각종 비용을 가중 평균해서 조달 자금의 원가를 계산한 게 코픽스(자금 조달 비용 지수)다. 구체적으로는 8개 시중은행이 자금을 조달하는 정기예금, 정기적금, 양도성예금증서CD, 환매조건부채권RP 등의 금리를 이용해서 산출한다. 제조업체라면 물건의 생산비 정도에 해당하는 개념이라 할 수 있다.

그런데 3개월 정도의 단기 대출에 코픽스를 적용한다면 이는 적절하지 않다. 코픽스는 주로 장기금리 항목으로 구성되어 있기 때문이다. 그래서 단기 대출에 기본이 되는 금리로는 코리보를 활용한다.

코리보를 알려면 리보LIBOR부터 알아야 한다. 리보는 'London

Interbank Offer Rate'의 약자로, 영국 런던에 소재한 은행들끼리 단기로 돈을 빌릴 때의 금리다. 즉 코리보는 우리나라 은행들끼리 단기로 돈을 빌릴 때의 금리다.

기본금리는 모든 고객에게 동일하다. 개인에 따라 달리 적용되는 건 가산금리와 우대금리다.

나는 왜 가산금리가 높을까?

가산금리는 업무 원가, 법적 비용, 목표 이익률, 위험 프리미엄risk premium 등을 반영해서 은행이 자체적으로 정한다. 업무 원가나 목표 이익률은 은행 차원의 변수라 고객과 관계없이 같다. 가산금리에서 개인별 차이를 초래하는 요인은 빌려준 원리금을 돌려받지 못할 위험에 대비해서 고객에게 요구하는 위험 프리미엄이라는 대가다.

고객마다 신용도가 다르다. 개인의 신용도는 0~1,000점 사이의 신용점수로 매겨지는데, 신용점수가 높을수록 신용도가 높다. 신용도가 높으면 빌려 간 돈을 문제없이 상환할 가능성이 크다는 뜻이므로 은행은 손해를 볼 위험이 적다고 판단한다. 따라서 신용도가 높은 사람에게는 위험 프리미엄을 적게 부과하므로 가산금리가 낮아진다. 반면 신용도가 낮은 사람은 상대적으로 상환하지 못할 위험이 크다고 판단해서 위험 프리미엄이 많이 부과되고 가산금리가 높아진다.

고객의 담보 능력에 따라서도 위험 프리미엄이 달라진다. 고객이 제시하는 담보가 풍부하다면 원리금을 상환하지 못하더라도 담보를 처분해 대출을 회수할 수 있으므로 위험 프리미엄이 낮아진다.

은행에 예·적금이 많거나 해당 은행의 신용카드를 이용한 실적이 양호한 고객에게는 일종의 금리 혜택을 주는데, 이것이 우대금리다. 우대금리만큼 대출금리가 낮아진다. 우대금리 혜택을 받으려면 주거래 은행을 만들어 집중적으로 거래하면서 특정 은행과의 거래 실적을 많이 쌓는 게 중요하다. 물론 우대금리는 은행의 자율적 선택 사항이라 우대금리 혜택을 아예 주지 않거나 축소할 수 있다.

기업도 대출금리가 다를까?

개인의 신용도와 담보 여부에 따라서 대출금리가 제각각이라면, 기업도 대출받을 때 다 다른 금리가 적용될까? 그렇다. 기업은 거래하는 돈의 규모가 개인에 비할 바 없이 커서 대출이 부실해지면 금융회사가 받는 타격과 파장도 훨씬 크다. 그러니 은행은 기업의 신용도를 더 철저하게 따지고 차별화한다.

기업은 사업 자금이 필요할 때 은행에서 직접 대출을 받기도 하지만, 일반적으로 채권을 발행해 돈을 빌린다. 회사가 발행한 채권을 '회사채'라고 하는데, 정해진 기간 후에 돈을 돌려주겠다는 약속을 담은 증권이다. 회사채를 보유한 사람은 회사에 얼마의 돈을 빌려주었으니 언제까지 갚으라는 권리를 갖는다.

돈을 빌린다는 점에서는 회사채나 개인이 작성하는 차용증이나 다를 바가 없다. 하지만 회사채 같은 채권은 불특정 투자자 사이에 거래가 가능하다는 점에서 차용증과 다르다. 가령 회사 A가 발행한 회사채를 보유한 투자자 B가 이를 다른 투자자 C에게 양도하면, 회사 A는 C에게 돈을 갚아야 한다.

회사채의 만기는 1년부터 5년에 이르기까지 다양한데, 우리나라에서는 3년물이 제일 흔하다. 만기가 길어질수록 회사채 금리도 높아진다.

회사채를 발행해 돈을 빌릴 때 신용도가 높은 회사는 신용도가 낮은 회사보다 금리가 낮다. 우리나라는 회사채를 발행하는 회사의 신용도에 따라 뒤의 표에 나오는 것처럼 크게 10개의 신용등급으로 분류하고 있다.

신용 등급은 영어로 표시하는데, A가 B보다 신용도가 높으며 신용도가 높을수록 A가 많다. 신용 등급 가운데 AAA부터 BBB까지는 원리금 지급 능력이 인정되어 투자 등급으로 보지만, BB부터 C까지는 경제 환경 변화에 따라 원리금 지급 능력이 크게 달라질 수 있다는 뜻에서 투기 등급으로 분류된다. 뒤에 나오는 표

회사채 신용 등급 분류

등급		원리금 지급 능력
투자 등급	AAA	원리금 지급 능력이 최고 수준임
	AA	원리금 지급 능력이 우수하지만, AAA보다는 다소 낮음
	A	우수하나 상위 등급보다는 경제 여건 및 환경 악화에 따른 영향을 받기 쉬움
	BBB	양호하나 경제 여건 및 환경 악화에 따라 원리금 지급 능력이 저하될 가능성을 내포함
투기 등급	BB	원리금 지급 능력이 당장은 문제가 되지 않으나, 장래 안전을 단언하기 어려움
	B	원리금 지급 능력이 부족해 투기적임
	CCC	원리금 지급이 현재에도 불확실하며 채무불이행 위험이 높음
	CC	CCC보다도 불안 요소가 더욱 큼
	C	채무불이행 위험이 크고 원리금 지급 능력이 없음
D		원리금 지급 불능 상태임

에는 없지만, AA부터 B등급은 각 등급 안에서 +, 0, −의 세 등급으로 다시 세분된다. 이를테면 BBB+ 등급의 회사채 금리는 A-등급의 회사채 금리보다 높은데, 원리금을 상환받지 못할 위험이 다소 높은 것에 대해서 위험 프리미엄을 보상해주기 때문이

다. 즉 두 회사가 같은 시기에 발행한 회사채 금리의 차이는 두 회사의 신용도 차이를 반영한다. 그래서 두 금리의 차이를 '신용 스프레드credit spread'라고 한다. 스프레드는 금리 차를 나타내는 경제 용어다.

bp는 무엇일까?

우리나라 은행은 국제 금융 시장에서 필요한 외화를 빌리기도 한다. 이때 우리나라 은행이 차입하는 돈에 적용되는 차입금리 역시 기본금리에 가산금리를 더한 수준에서 결정된다.

국제 시장에서 통용되는 기본금리는 대개 리보다. 런던 은행가에서 신용도가 높은 은행들이 서로 자금을 거래할 때 적용하는 리보 금리가 국제적으로 기본금리가 된 데는 이유가 있다. 런던이 역사적으로 오래전부터 세계를 대표하는 국제 금융 시장역할을 해왔기 때문이다.

리보가 2%인데 우리나라 은행이 2.5%에 자금을 빌린다면 0.5%가 가산금리이다. 이때의 가산금리를 '스프레드spread'라고 한다. 금융 시장에서 스프레드는 대개 1%포인트 미만으로 작은 수치다. 종종 0.01%포인트 단위로 움직이는데, 소수점을 붙여 사용하기가 불편하다. 그래서 금융 시장에서는 %포인트 대신 bp basis point라는 더 작은 단위를 즐겨 쓴다. 즉, 1bp는 0.01%p다.

예를 들어 우리나라 은행의 스프레드가 0.50%에서 0.43%로 줄어들었을 때, 스프레드가 7bp 떨어졌다고 말한다. 우리나라 은행의 신용 상태가 개선되었다는 신호다.

32

국가의 신용 등급은
어떻게 매겨질까?

국가도 돈이 필요하면 빌린다. 국가가 돈을 빌리는 방법은 기업이 돈을 빌리는 방법과 같다. 국채, 즉 채권을 발행한다.

일반적으로 국가의 신용도는 회사보다 높다. 따라서 국채 금리는 회사채 금리보다 낮고, 국가는 회사보다 낮은 금리로 돈을 빌릴 수 있다.

국가는 국내에서 돈을 빌리기도 하지만, 해외로 나가 국제 금융 시장에서 돈을 빌리기도 한다. 국제 시장에서는 국가도 신용도 평가의 대상이 된다. 일반적으로 선진국의 신용도가 신흥국보다 높으므로 선진국의 국채 금리는 신흥국의 국채 금리보다 크게 낮다. 우리나라의 신용 등급은 국제적으로 높은 수준이지만, 세계 최고 등급은 아니다. 독일, 네덜란드, 덴마크, 스웨덴, 스위스, 노르웨이, 싱가포르, 호주, 미국 같은 국가가 세계 최고 등급을 유지하고 있다.

그렇다면 국가의 신용 등급은 누가 평가할까? 세계은행이나 IMF 같은 국제기구가 할까?

국가의 신용 평가는 누가 할까?

주로 돈을 빌려주는 금융회사가 직접 평가하는 방법도 있지만, 각 금융회사가 신용을 평가하는 전문 부서를 독자적으로 유지하기란 버겁고 비효율적인 일이다. 또한 금융회사마다 평가가 달리 나올 가능성이 크다. 금융회사 역시 국제 금융 시장에서 자금을 조달하고 빌리는데, 자사의 신용을 평가한다는 것은 어불성설이다. 그래서 신용 평가만 전문으로 하는 기업이 있다. 이른바 신용평가회사다.

국제적으로 인정받는 대형 신용평가회사는 세 곳이 있다. 스탠더드앤푸어스Standard & Poor's, S&P, 무디스Moody's, 피치레이팅스Fitch Ratings다. 이 빅3 신용평가회사가 전체 시장의 90% 이상을 차지한다. 이 중 제일 오래된 곳은 S&P로 1860년에 사업을 시작했다. 규모도 제일 크다. 1930년대 세계 대공황을 계기로 신용평가의 중요성이 확산하면서 신용평가회사는 본격적으로 몸집을 불리기 시작했다.

이들은 국가뿐 아니라 금융회사, 국제적인 대기업이 발행하는 채권에 등급을 매기고 그 대가로 수수료를 받는다. 발행하는 채권 금액과 발행 기관의 규모가 클수록 수수료도 많아진다. 신용평가를 받는 고객이 내는 돈이 주된 수입이라 대형 고객에 약하다는 비판에서 자유롭지 못한 면도 있다. 엄정해야 할 신용평가회사의 신용도에 의심이 가는 모순이 생긴다. 실제로 "매출을 위해 악마에 영혼을 팔았다"는 어느 직원의 이메일 내용이 공개되면서 해당 신용평가회사가 엄청난 비난을 받은 적이 있다.

신용평가회사의 영향력은 얼마나 클까?

3대 신용평가회사가 매기는 신용 등급의 공정성 논란은 여전하지만, 국제 금융 시장에서 이들의 영향력은 대단하다. 기업뿐 아니라 국가도 이들의 신용 평가를 의식하지 않을 수 없다.

특히 우리나라는 1997년 경제위기 때 이들의 위력을 뼈저리게 체감했다. 당시 우리나라의 외환 보유고가 바닥나자 신용평가회사들은 우리나라 신용 등급을 투자 부적격 등급으로 강등했다. 가뜩이나 외환이 유출되는 상황에서 이들의 평가가 급락하자, 국제시장에서 우리나라 기업과 금융회사의 자금 조달이 갑자기 막히며 위기가 가속했었다.

2022년에는 러시아가 우크라이나를 침략하자 3대 신용평가 회사가 일제히 러시아의 신용 등급을 투기 등급으로 강등했다. 러시아 금융 시장은 혼란에 빠졌고 루블화 가치가 폭락했다. 그러나 평가가 무색하게 얼마 지나지 않아 루블화 가치는 원상복구됐다.

국제 거래가 활발한 현대 경제에서 국제 금융 시장에서의 자금 조달은 불가피하다. 경제 규모가 커질수록 외화 자금에 대한 수요도 늘어난다. 이때 자금의 조달 가능성부터 조달 비용에 결정적인 영향을 미치는 게 신용 평가 결과다. 평가가 나빠지면 해당 기업, 금융회사, 국가는 비싼 대가를 치르며 자금을 빌려야 한다. 국제 금융 거래는 워낙 자금 규모가 커서 미세한 금리 상승에 따르는 추가 이자 부담이 만만치 않다. 국가나 금융회사의 자금 조달 비용이 비싸지면, 국내 시장에도 연쇄 효과가 일어난다. 국내 금리가 올라가고 경기에 부정적으로 작용한다. 이처럼 신용 평가는 국가 경제에도 타격을 줄 정도다.

우리나라의 신용 등급은 세계 최고 수준보다 몇 단계 아래에 있다. 더 높은 신용 등급을 받으려면 국가 채무 증가 속도를 늦추고 지속 성장을 유지하는 등의 모습을 꾸준히 보여야 한다.

은행은 왜 복리 예금을
내놓지 않을까?

이자를 계산하는 방법에는 단리와 복리 두 가지가 있다.

단리는 원금에만 금리를 곱해 이자를 계산한다. 이를테면 100만 원을 연 2%의 금리로 1년 동안 예금하면 이자는 2만 원(=100만 원×0.02)이다. 2년 동안 예금하면 이자는 4만 원(=2만 원+2만 원)이 된다.

복리는 발생한 이자를 찾지 않은 채 원금과 합해 금리를 곱하는 방식이다. 100만 원을 연 2%의 금리로 1년 동안 예금하면 이자는 2만 원으로 같다. 그런데 2년 동안 예금하면 두 번째 해에는 이자가 2만 원이 아니라 2만 400원(=102만 원×0.02)이 된다. 단리보다 복리에서 이자가 400원 많다.

예금주 입장에서는 이자를 단리로 계산할 때보다 복리로 계산할 때 많아진다. 앞의 예시에서는 그 차이가 400원에 불과하지만 예금액이 많을수록, 금리가 높을수록, 예금 기간이 길수록 차이가 커진다. 가령 1억 원을 연 5%로 20년 동안 예금한다면 단리보다 복리에서 이자가 6,533만 원이나 많다. 과거의 이자가 원금에 더해져 이자에 이자가 반복적으로 발생하기 때문이다.

은행으로서는 복리 상품에 지급해야 할 이자 부담이 커진다. 예금을 많이 흡수해야 할 시기라면 몰라도 그렇지 않은 시기에는 복리로 계산하는 예금 상품을 판매하지 않으려 한다. 시중은행에서 복리 예금 상품을 찾기 어려운 이유가 여기에 있다.

상호저축은행에는 복리 상품이 있다. 약정 금리 자체도 저축은행이 시중은행보다 높은데, 복리로 계산하니 이자를 조금이라도 더 받을 수 있다. 다만 저축은행은 시중은행에 비해 규모가 작아 부실화 위험이 상대적으로 크고, 지점이 많지 않아 이용하는 데 불편함이 있다.

월 복리와 연 복리, 어떤 게 유리할까?

지금까지 한 설명은 이자를 1년에 한 차례 지급하는 연 복리다. 이자를 매월 지급하는, 즉 1년에 12차례 지급하는 상품도 있다. 월 복리다. 연 복리 상품과 월 복리 상품 가운데 어떤 상품에 더 많은 이자가 붙을까?

연초에 100만 원을 금리 연 2%로 예금한다고 하자. 연말에 한 차례만 이자를 지급하는 연 복리에 의하면 이자는 2만 원이다. 만약 월 복리로 계산하는 상품이라면, 1월 말에 이자 1,667원 (100만 원×0.02÷12)이 발생하고 이 이자가 원금 100만 원에 더해져 2월의 예금액은 100만 1,667원이 된다. 그리고 여기에 금리를 곱해 2월 분 이자를 계산하는 식이 반복된다.

그러므로 금리가 같더라도 연 복리보다 월 복리로 계산하는 예금 상품의 이자가 184원 더 많다. 역시 큰 차이가 나는 건 아니지만, 5천만 원을 연 금리가 2%인 예금 상품에 3년간 가입한다면 월 복리 상품에서 약 29,000원의 이자를 더 많이 받는다. 물론 지금까지 계산한 이자는 모두 세전 이자로 세금을 납부한 세후 이자의 차이는 줄어든다.

복리 계산의 기준은 정하기 나름이다. 심지어 매일 이자를 계산하는 일 복리도 가능하다. 실제로 2022년 한 인터넷전문은행은 일 복리 예금 상품을 선보여 소비자의 눈길을 끈 적이 있다.

대출 이자는 왜 복리로 계산할까?

복리는 예금하는 사람에게는 일종의 축복이다. 가만히 기다리면 시간과 함께 이자가 쑥쑥 불어나기 때문이다. 그러나 대출받은 사람에게는 복리가 저주로 다가올 수 있다. 이자를 제때 갚지 못한다면 말이다.

정해진 날짜에 이자를 지급하는 조건으로 대출받은 사람은 무슨 일이 있어도 약속한 날짜에 이자를 갚아야 한다. 만약 이자를 갚지 못하면, 은행은 이자도 추가로 대출한 것으로 간주한다. 대출 금액이 불어나 갚아야 할 이자 부담이 훨씬 커진다.

복리의 저주를 여지없이 보여주는 곳이 사채 시장이다. 사채 업자들은 막다른 골목에 처한 사람의 약점을 파고들어 터무니없는 고금리로 돈을 빌려준다. 금리가 높으니 연체하기 쉽다. 이 연체액은 대출 금액에 더해져 이자가 눈덩이처럼 불어난다. 연이자가 수천 퍼센트가 되는 일이 흔하다. 법정 최고금리를 보란 듯이 무시하는 곳이 이런 사채 시장이다.

스스로 복리 상품을 만드는 방법

시중은행에서 복리 예금 상품을 판매하지 않는다고 실망할 필요는 없다. 스스로 복리 상품을 만들면 된다. 1천만 원을 연 금리 2%짜리 정기예금에 가입한다고 하자. 1년 후 만기가 되면 이자로 20만 원을 받는다. 세금을 제하고 나면 실수령액은 169,200원이다. 대개 이 이자를 자투리 돈이나 거저 생긴 돈이라고 생각해 쉽게 써버린다. 매년 이런 과정을 되풀이하면 은행에 있는 예금 잔액은 10년 후에도 1천만 원에 머물러 자산이 늘지 않는다.

이자를 자투리 돈이라 생각하지 말고, 없었던 셈 치고 다시 고스란히 재예치하면 어떨까? 그러면 1년 후 예금 잔액은 10,169,200원이다. 다시 1년이 지나면 여기서 생기는 세후 이자가 172,063원이다. 금리가 같아도 이자를 재예치함으로써 원금이 늘어난 덕분에 세후 이자가 많아졌다. 이 이자 전액을 다시 재예치한다. 이제 예금 잔액은 10,341,263원으로 불어난다.

이런 방식으로 복리 효과를 낼 수 있다. 만기 때 자투리 돈을 써버리는 유혹을 뿌리치는 용기와 복리 효과를 얻겠다는 의지만 있으면 된다.

세후 실질금리를 따져봐야 하는 이유

은행에 예금하면 이자를 받지만, 만기 때 정작 손에 쥐는 이자는 가입할 때 통장에 명시된 금리만큼 되지 않는다. 세금이 빠지기 때문이다.

이자도 소득이며, 정확히는 재산소득이다. 예금에서 발생하는 이자소득에 대한 세율은 14%다. 그리고 이 소득세의 10%에 해당하는 주민세가 더해진다. 즉 주민세율은 이자소득의 1.4%인 셈이다. 결국 이자에 과세되는 모든 세금을 합하면 세율이

15.4%이다.

이자에 부과되는 세금은 원천징수되므로 만기 때 예금주가 실제로 받는 이자는 약정 이자의 84.6%(=1-15.4%)에 해당한다. 만약 약정 금리가 2%라면 세금을 제한 후 예금주가 받는 세후 금리는 1.692%(=2%×0.846)이다. 약정 이자보다 줄어들긴 했지만 여전히 이자를 받으니까 손해는 아니다.

예금에서 손해를 볼 수 있는 원인은 물가에 있다. 약정금리는 물가 변동을 고려하지 않은 명목금리다. 예금한 기간에 물가가 올랐다면 세후 이자의 구매력이 줄어든다. 이자의 실질 가치를 따지려면 실질금리를 봐야 한다. 실질금리는 명목금리에서 물가 상승률을 빼면 된다.

실질금리 = 명목금리 - 물가 상승률

만약 1년 동안 물가가 1% 올랐다면 세후 실질금리는 0.692%(=1.692-1)로 다시 줄어든다. 여전히 금리가 플러스라 다행이지만, 만약 물가가 2% 올랐다면 이야기는 달라진다. 실질금리는 -0.308%로 마이너스로 전환된다. 비록 예금에서 이자를 받았지만, 구매력 측면에서 보면 오히려 돈을 잃은 셈이다.

그래서 예금도 완벽하게 안전한 자산이 아니라는 말이 나온다. 은행이 부실화될 염려가 거의 없고, 설령 부실해지더라도 정부가 예금자보호제도를 통해 예금을 보장해서 다른 금융 상품보다 안전한 것은 맞지만, 예금한 돈의 실질 가치를 따지면 원금의 가치가 감소하는 위험이 있을 수 있다. 여윳돈을 어디에 굴릴지 결정할 때 은행이 제시하는 약정 명목금리만 보지 말고, 세후 실질금리까지 두루 고려할 필요가 있다는 말이다.

지금까지는 세금과 물가 상승률에 따른 실질 가치 측면을 고려했지만, 손해 여부를 따질 때는 한 가지를 더 봐야 한다. 기회비용이다. 세후 실질금리가 플러스라고 하자. 예금을 통해 이자의 실질 가치만큼 자산이 늘어났으니 좋은 일이다. 그렇다고 은행에 예금한 것이 합리적이었다고 단언하기는 이르다. 같은 기간 동안 채권 투자나 부동산 펀드에서 더 높은 수익률을 거둘 수 있었다면 은행 예금에서 사실상 손해를 본 셈이다. 더 많은 수익을 거둘 기회를 날렸기 때문이다.

적금 3%와 정기예금 2% 가운데 이자가 많은 쪽은?

1년 만기에 연 금리 2%인 예금에 1,200만 원을 예치한 경우와 1년 만기에 연 금리 3%인 적금에 매달 100만 원을 예치하는 경우 어느 쪽이 이자를 더 많을까?

둘 다 총액이 1,200만 원으로 같고, 적금 금리가 높아서 적금에서 이자를 더 많이 받을 것으로 오해하기 쉽다.

예금과 적금의 이자 계산 방법

예금의 이자 계산은 단순하다. 원금에 연 금리를 곱하면 1년 후에 받을 수 있는 세전 이자를 구할 수 있다. 따라서 정기예금의

적금의 이자 계산

(단위: 원)

구분	1월	2월	3월	…	11월	12월	계
원금	1,000,000	1,000,000	1,000,000	…	1,000,000	1,000,000	12,000,000
이자	30,000 $(=3\%\times\frac{12}{12})$	27,500 $(=3\%\times\frac{11}{12})$	25,000 $(=3\%\times\frac{10}{12})$	…	5,000 $(=3\%\times\frac{2}{12})$	2,500 $(=3\%\times\frac{1}{12})$	195,000

세전 이자는 24만 원(=1,200만 원×0.02)이다.

적금의 경우, 저축한 적금 총액 1,200만 원에 금리 3%를 곱해 이자가 36만 원이라고 착각하는 사람들이 많다. 그러나 적금은 예금과 달리, 한꺼번에 돈을 맡기지 않고 매달 조금씩 돈을 맡긴다. 첫 달에 부은 100만 원은 만기 때까지 맡기므로 3%의 이자가 온전히 지급된다. 그러나 두 번째 달에 부은 100만 원은 만기 때까지 은행에 맡기는 기간이 11개월이다. 이자 역시 12개월치가 아니라 11개월치만 발생한다. 마지막 달의 100만 원은 고작 1개월만 맡기므로 이자도 1개월치만 생겨 2,500원에 불과하다. 1년 동안의 이자를 모두 합하면 195,000원이다. 금리가 2%인 예금보다 이자가 적다. 예금은 1,200만 원을 맡긴 기간이 12개월이지만, 적금은 1,200만 원을 맡긴 기간이 기껏 마지막 한 달뿐이기 때문이다. 그러니 이자가 적은 게 당연하다. 예금 2%에서 얻는 만큼의 이자를 받으려면 적금 금리가 3.7% 정도는 되어야 한다.

예금보다 적금 금리가 높은 이유

은행의 금융 상품 소개를 보면 대개 적금 금리가 정기예금 금리보다 높다. 이를 보고 적금이 정기예금보다 이자를 더 많이 주는 것으로 착각하고 덥석 가입하는 사람이 많다. 이 점을 이용해 은행은 종종 특판 상품이라며 높은 금리의 적금 상품을 판매한다. 고금리 적금이라는 광고에 현혹돼 충동적으로 가입하는 사람들을 노린다.

매월 100만 원씩 3% 금리로 적금하면서 1년 후 이자로 36만 원을 받을 것으로 기대한 뒤, 이에 맞춰 재무 설계를 하는 사람도 있다. 그러다 만기 때 통장에 기록된 이자를 보고 어리둥절해 한다.

적금이 나쁘다는 뜻은 아니다. 연 금리 2%의 적금보다는 3%의 적금이 당연히 좋다. 단지 고금리를 내세운 적금 상품에 현혹되어 이자를 과도하게 추산하는 오류를 피해야 한다는 뜻이다.

증권

5장

35

증권회사와 투자은행은
무엇이 다를까?

증권이란 말은 '○○증권'처럼 주위에서 들리는 회사 이름을 통해 접하는 경우가 많을 것이다. 증권회사는 증권을 발행하고 유통하는 일을 주된 업무로 하는 회사다. 그렇다면 증권회사가 취급하는 증권이란 무엇일까?

'증권證券'의 사전적 의미는 증거가 되는 문서나 서류다. 사람들이 보편적으로 말하는 증권은 '유가有價 증권'을 뜻한다. 돈으로 바꿀 수 있는 재산 가치를 담고 있는 증서란 뜻이다. 상품권이나 어음도 유가 증권이지만, 흔히 증권이라 할 때는 대개 주권(주식)과 채권을 가리킨다.

'주권株券'은 주식회사가 사업 밑천, 즉 자본금을 마련하기 위

증권의 구분

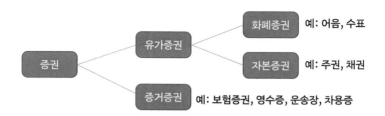

해서 발행하는 증권으로 '주식 stock'이 더 보편적으로 쓰인다. 주식회사는 주식을 발행해 투자자에게 팔고, 투자자는 그에 해당하는 돈을 주식회사에 투자한다. 주식회사에 이익이 발생하면 투자자들은 보유 주식에 비례해서 이익을 분배받을 수 있다.

'채권債券'은 돈을 빌리면서 정해진 기간 후에 돌려주겠다는 약속을 담은 채무 증서다. 일반 개인 간의 돈거래보다 높은 신용도를 유지하기 위해서 정부, 공공기관, 특수법인, 주식회사만 채권을 발행할 수 있게 제한하고 있다.

주식과 채권의 차이점

투자자가 기업에 투자하는 방법에는 기업의 주식을 매입하거나 채권을 매입하는 두 가지 방법이 있다.

주식과 채권은 회사가 사업을 하는 데 필요한 자금을 조달하는 수단이라는 공통점만 있을 뿐 구체적인 성격은 사뭇 다르다.

투자자가 어떤 회사의 주식을 사면 주식 지분만큼의 회사 소유권을 확보한다. 주주가 되는 것이다. 주주는 회사에 대한 부분 소유권을 지님과 동시에 회사 경영에 대한 책임도 함께 지므로 회사를 공동으로 운영하는 셈이다. 따라서 주주는 기업 경영과 관련해서 의결권을 행사할 권리가 있다.

주식을 사서 주주가 되는 투자 방법의 장점은, 주식 가치가 오를 때 보유 주식을 팔아 언제라도 시세 차익을 얻을 수 있다는 것이다. 그리고 기업이 번 이익 일부를 배당금으로 보상받을 수도 있다. 반대로 주식 가치가 떨어진다면 손실을 떠안아야 한다. 이처럼 경제적 보상이 보장되어 있지 않다는 점이 주식 투자의 가장 큰 단점이다. 만약 손실을 감당하기 힘들면 주식을 다른 사람에게 팔아 주주의 권리를 양도할 수 있다.

반면 투자자가 채권을 매입하면 기업에 돈을 빌려준 채권자가 된다. 그 대가로 약정 이자를 받으며 만기에 원금을 돌려받는다. 기업에 영업 손실이 발생하더라도 채권자는 빌려준 돈과 약정 이자를 받을 권리가 있다. 심지어 회사가 파산하더라도 채권자는 주주에 앞서 투자한 돈을 돌려받을 우선권이 있다. 주주는 회사의 주인이므로 변제 순위에서 뒤로 밀린다. 이런 점에서 채권 투자자는 주식 투자자보다 경제적 보상 측면에서 상대적으로 안정적이다.

은행과 투자은행은 어떻게 다를까?

2008년 글로벌 금융위기가 발생하면서 유명해진 용어 중에 투자은행이 있다. 당시 파산한 리먼 브라더스Lehman Brothers는 미국, 아니 세계의 대표적인 투자은행이었다. 골드만 삭스Goldman Sachs, 모건 스탠리Morgan Stanley, JP모건 체이스JPMorgan Chase 등도 투자은행이다. 비미국계 투자은행으로는 스위스의 UBS, 일본의 노무라 증권 등이 있다. 그렇다면 투자은행은 은행과 어떻게 다를까?

은행이라고 하면 보통 상업은행을 말한다. 상업은행commercial bank은 예금자로부터 받은 예금을 바탕으로 차입자에게 대출을 해주는 기능을 하는 금융회사다. 자금의 공급자와 수요자를 중개하고 예대 마진(대출로 받은 이자에서 예금에 지불한 이자를 뺀 부분)으로 수익을 얻는다. 사람들이 알고 있는 그런 은행이다.

투자은행investment bank은 기업을 주된 고객으로 한다. 기업이 주식이나 채권을 발행해 자금을 조달하는 일을 도와주거나, 증권을 인수해 가치를 높인 후 되팔아 차익을 남기는 업무로 수익을 얻는 은행이다. 기업의 인수·합병M&A에 뛰어들어 인수자나 매도자를 위해 정보 수집, 협상 전략 수립 및 추진 서비스도 제공한다. 직접 매물을 인수한 뒤 비싼 값에 되팔아 직접 수익을 챙기는 경우도 있다. 기업이 필요로 하는 각종 경영 및 재무 컨설팅 서비스도 제공한다.

우리나라 증권회사들도 부분적으로는 투자은행의 이런 업무를 했다. 하지만 전문성, 주된 업무 영역, 규모 등에서 세계적인 투자은행과 큰 격차가 있다. 그래서 지금까지 우리나라 증권회사의 주 수입원은 증권의 중개 수입이었다.

오늘날 금융 시장에서 투자은행은 시대적인 요구이자 첨단화된 조직이다. 우리나라 증권회사들도 저마다 투자은행으로의 탈바꿈을 시도하고 있다. 중개 수수료에 의존하는 수익 구조에서 벗어나야 한다는 절실함도 있다. 주식시장이 침체하면 거래량과 수수료 수익이 줄어들어 수익 구조가 불안정하다는 문제점을 극복하기 위함이다.

투자은행 업무는 고위험 고수익이라는 특징이 있으므로 막대한 자본, 전문 인력, 연구 역량이 없으면 성공하기 힘들다. 따라서 국내 대형 증권회사들은 투자은행으로 발돋움하기 위해 자본을 확충하고, 전문 인력 양성과 투자 기법 습득에 매진하고 있다. 하지만 아직은 국제 자본 시장에 본격적으로 뛰어들지 못하고 있는 형편이다.

나도 주식회사를 만들 수 있을까?

회사 이름을 보면 앞에 (주), (유), (합) 같은 표시가 붙어 있는 곳이 있다. 회사의 종류를 나타내는 표시다. 우리 상법에 따르면 회사에는 다섯 종류가 있다. 합명회사, 합자회사, 주식회사, 유한 회사, 유한책임회사다.

회사를 구분하는 제일 중요한 특징은 회사를 설립한 구성원 들이 회사의 채무를 어느 한도까지 지는지에 있다. 회사 채권자 에 대해서 빚이 얼마든 다 갚을 때까지 한도 없이 책임을 지는 것을 무한책임이라 한다. 무한책임이라면 회사에 빚이 있는 경 우 개인 재산을 동원해서라도 갚아야 할 의무가 있다. 반면 유한 책임은 자신이 출자한 한도 안에서만 책임을 지면 된다.

가족이나 친구랑 회사를 차린다면?

합명회사는 2명 이상의 무한책임 사원으로만 구성되는 회사로, 회사 이름에 (합)으로 표시한다. 각 사원이 연대해 회사 채무에 무한책임을 진다.

총회 같은 공식 의사결정기구나 감사기구는 없으며, 출자한 모든 무한책임 사원이 회사를 대표하고 회사 업무를 집행한다. 즉 소유와 경영이 일치하는 회사다. 만약 자신의 지분을 다른 사람에게 양도하려면 사원 전체의 동의가 필요하다.

합명회사의 사원은 회사에 대해 무한책임을 지기 때문에 가족이나 친구 사이의 동업 형태가 많다. 대부분 소기업 수준으로, 개인적인 이해관계가 얽힌 사람들로 구성된 회사라는 점에서 인적회사라고도 한다.

합자회사는 1명 이상의 무한책임 사원과 1명 이상의 유한책임 사원으로 구성되며, 회사 이름에 (자)가 붙는다. 무한책임 사원이 회사를 대표하며 업무 집행권을 가진다. 유한책임 사원은 회사 경영에 직접 참여하지 않고 회사 감시권을 가지며 배당을 받는다. 합명회사처럼 대규모 사업을 하기에 적절하지 않아 소기업인 경우가 많다.

주주는 몇 명 이상이어야 할까?

주식회사는 1명 이상의 주주로 구성되는 회사로 회사 이름에 (주)가 붙는다. 최저 자본금이 종전에는 5천만 원이었지만, 규정이 폐지되어서 누구라도 손쉽게 저렴한 비용으로 주식회사를 설립할 수 있다. 그렇더라도 보통은 주식 발행으로 자본금을 조달해 설립·운영하고 있다. 중요한 의사결정을 하기 위해 주주총회와 이사회를 운영하며 감사도 존재한다.

주식회사의 제일 중요한 본질은 주주의 유한책임과 주식의 자유로운 양도다. 채권자에게 자신이 가진 주식 한도 내에서만 유한책임을 지므로 사업 실패에 대한 부담이 상대적으로 적으며, 주식을 언제든지 자유롭게 양도할 수 있어 다수의 주주를 확보해 대규모 자본을 모으는 데 유리하다. 그래서 장기적으로 대규모 자본을 필요로 하는 사업은 대부분 주식회사 형태다. 우리나라의 경우 전체 회사에서 주식회사가 차지하는 비율이 약 95%에 달한다.

100원으로 설립 가능한 회사

유한회사는 1명 이상의 유한책임 사원으로만 구성되며 자본금 100원 이상이면 설립할 수 있다. 회사 이름에 (유)가 붙는다.

회사의 비교

구분	합명회사	합자회사	주식회사	유한회사	유한책임회사
사원 수	2명 이상	각 1인 이상	1인 이상	1인 이상	1인 이상
사원 구성	무한책임	무한책임 유한책임	주주 (유한책임)	유한책임	유한책임
업무 집행권	무한책임 사원	무한책임 사원	이사회 대표이사	이사	사원 또는 제3자
장점	사원 간 신뢰 관계가 높을수록 적합	지분과 관계 없이 합의해 이익 배분 가능	현금 확보 용이	재무 상태의 공개 의무 없음	사원이 직접 경영에 참여해 보상 받을 수 있음
단점	문제 시 무한책임을 져야 함	사원 간 분쟁 여지가 큼	규제와 세금이 많음	현금 확보가 어려움	지분을 현금화하기 힘듦

각 사원은 주식회사와 마찬가지로 출자한 자본금만큼 지분과 의결권을 가진다. 전체 사원으로 구성된 사원 총회를 통해 주요 의사 결정을 하며, 사원 총회에서 선출한 이사가 회사를 경영한다.

유한회사는 대체로 주식회사와 성격이 비슷하지만, 주식회사와 달리 이사회가 없다. 주식회사보다 폐쇄적·비공개적이다. 설립 절차도 주식회사보다 간단하고 사원 총회 소집 절차도 간소해 중소기업에 적합하다. 지분을 다른 사람에게 양도하려면 사원 총회의 승인이 필요하다는 점도 주식회사와 다른 점이다.

유한책임회사는 1명 이상의 유한책임 사원으로 구성되는 회사라는 점에서 유한회사와 같다. 그러나 출자 금액에 관계없이 사원 1명이 하나의 의결권을 행사한다는 점에서 유한회사와 다르다. 벤처기업 창업을 지원하는 취지로 허용된 회사 형태로서 유한회사보다 설립과 운영이 간소하다. 사적 자치가 폭넓게 인정되는 조합에 가깝다.

주식을 발행하면 뭐가 좋을까?

주식회사는 주식을 발행해 여러 투자자로부터 자본금을 조달받아 설립하는 회사다. 가령 자본금 5천만 원의 주식회사를 설립하고 싶은 A에게 3천만 원밖에 없다면, 나머지 2천만 원은 투자자를 모집해 조달해야 한다. 투자자 B와 C가 이 회사의 주주가 되기로 결심하고 각자 1천만 원을 투자한다고 하자.

주식의 발행 단위는 '주'이며, 주식회사를 설립할 때 발행하는 주식의 1주 가격이 '액면가par value'다. 만약 1주당 액면가를 5천 원으로 정했다면 이 주식회사는 주식으로 총 1만 주(=5천만 원÷5천 원)를, 액면가를 100원으로 정했다면 총 50만 주를 발행해야 한다. 액면가를 5천 원으로 해서 1만 주를 발행했다고 하자. 발행 주식 가운데 60%인 6천 주를 A가 보유하고, B와 C는 각 2천 주씩(20%씩) 나눠 갖는다.

> 설립 자본금 = 발행한 주식 수 × 액면가

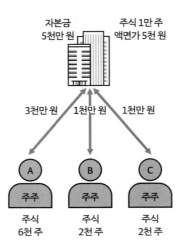

자본금
5천만 원

주식 1만 주
액면가 5천 원

3천만 원　　1천만 원　　1천만 원

A　　　B　　　C

주주　　주주　　주주

주식
6천 주

주식
2천 주

주식
2천 주

주식회사의 설립

A는 전체 주식의 60%를 보유한 최대 주주로서 회사 경영에 관한 주요 결정에 가장 큰 영향력을 발휘할 수 있다. 배당금도 각자 주식 보유 지분율에 비례해 나눠 가진다.

회사 실적과 전망이 좋아 사업 확장을 위해 자본금 1천만 원을 불리기로 했다고 하자. 신규 투자자들로부터 1천만 원을 조달하고 새로 발행한 주식 2천 주를 나눠 준다. 이제 회사 자본금은 6천만 원으로, 발행 주식 수는 1만2천 주로 불어난다.

이처럼 신주를 발행해 자본금을 늘리면 주주 수도 늘어나고 기업을 확대하는 데 도움이 된다. 시장에서 호평을 받으며 사회

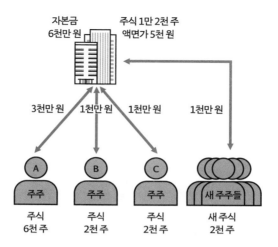

자본금   주식 1만 2천 주
6천만 원   액면가 5천 원

3천만 원   1천만 원   1천만 원   1천만 원

A   B   C   새 주주들
주주   주주   주주

주식   주식   주식   새 주식
6천 주   2천 주   2천 주   2천 주

신주 발행과 자본금 확충

에서 영향력도 커진다. 주식 발행으로 얻은 자본금은 갚지 않아
도 되고 부채나 이자 부담도 없어 여러모로 좋은 소식이다. 물
론 공짜는 없다. 회사 내에서 최대 주주 A의 지분은 60%에서
50%(=6천 주÷1만 2천 주×100)로 줄어든다.

신주를 발행해 판매하는 방법에는 '공모 발행public offering'과 '사
모 발행private placement'이 있다. 공모 발행은 불특정 다수를 대상으
로 주식을 발행해 자본금을 공개적으로 모집하는 것이다. 사모
발행은 특정한 개인이나 기관에 신주를 인수하게 해서 자본금을
폐쇄적으로 모집하는 것이다.

37

주식시장은
왜 여러 개일까?

　주주들이 보유 주식을 자유롭고 안전하게 거래할 수 있도록
만든 곳이 주식시장이다. 주식시장에서는 공인된 거래 중개자가
엄격한 거래 원칙에 따라 공개적으로 거래를 이루어준다. 매매
자가 서로 수량과 가격을 제시하며 공정한 경쟁으로 거래 가격
과 수량이 결정된다.

　우리나라 주식시장에서 공인된 거래 중개자는 한국거래소KRX
다. 한국거래소는 유가증권시장, 코스닥, 코넥스라는 3개의 주식
시장을 공식적으로 개설하고 있다.

　유가증권시장은 우리나라에서 제일 오래된 주식시장이다. 코
스피KOSPI 시장으로도 불린다. 1956년에 설립된 거래소시장의

이름이 이렇게 바뀌었다. 유가증권시장에서는 상대적으로 규모가 큰 기업의 주식이 주로 거래된다. 그래서 비교적 안정적인 수익을 기대할 수 있다. 거래가 활발한 만큼 유동성도 비교적 높은 편이다.

코스닥KOSDAQ 시장은 1996년에 설립됐다. 미국이 벤처기업의 주식을 거래하는 나스닥NASDAQ 시장을 개설해 긍정 효과를 거둔 것을 참고해서 만든 시장이다. 코스닥 시장에서는 주로 벤처기업이나 유망한 중소기업의 주식이 거래된다. 유가증권시장보다 상장 기준이 낮고 기업 규모가 작아 투자 위험이 상대적으로 크지만, 성장성이 높은 기업이 많은 만큼 잘 고르면 고수익 가능성이 크다.

2013년에 개장한 코넥스KONEX 시장은 중소기업이나 벤처기업 중에서도 초기 단계에 있는 회사를 위한 전용 시장이다. 유가증권시장이나 코스닥 시장에서 거래할 정도가 되지 않는, 창립한 지 얼마 안 된 기업들의 주식이 거래된다. 그래서 코스피 시장이나 코스닥 시장에 비해 널리 알려지지 않은 편이다.

각 시장에서 주식을 거래하려는 회사는 한국거래소가 정한 엄격한 기준(자본금, 매출 등)을 충족해야 한다. 불안정하거나 부실한 회사의 주식이 유통돼 투자자들이 피해를 보는 일을 예방하고, 건전하고 안전한 투자 환경을 확보하기 위해서다.

상장회사가 되면 뭐가 좋을까?

한국거래소가 개설한 정규 시장에서 주식을 매매할 수 있게 등록하는 일을 '상장上場'이라고 한다. 시장에 주식을 올린다listing는 뜻이다. 회사는 왜 주식을 상장하는 걸까?

회사에 필요한 자본금을 조달하는 가장 쉽고 좋은 방법이기 때문이다. 그래서 상장 여부가 기업의 성공 여부를 평가하는 하나의 척도가 되기도 한다. 이 외에도 상장회사는 여러 이점을 누릴 수 있다.

시장을 통해 공개적으로 자금을 모을 수 있다는 것이 제일 중요한 이점이자 상장하려는 가장 큰 이유이다. 상장회사라는 평가 덕분에 회사 인지도와 신뢰도가 높아진다. 한국거래소가 정한 요건을 통과한 회사라는 점에서 투자자들이 믿고 자본금을 투자하므로 자금 조달이 쉬워진다.

홍보 효과도 크다. 주식시장에서 주식이 거래되므로 투자자들이나 일반인에게 수시로 회사 이름이 전달되어 돈을 들이지 않고도 자연스럽게 회사 이름을 홍보할 수 있다. 비상장회사에 비해서 상장회사는 인지도와 브랜드 가치가 높아서 영업 활동 및 투자 유치에 유리하다.

우수 인력을 채용·확보하는 데도 도움이 된다. 상장회사에 근무한다는 사실 자체로 직원의 자부심과 사기가 높아진다. 상장회사의 경우 급여나 복지 혜택도 높은 경향이 있어 우수한 인력이 선호한다.

주주의 이익 실현도 쉬워진다. 비상장 주식을 보유하는 주주들은 정규 주식시장에서 주식을 팔지 못하므로, 돈이 필요할 때 주식을 처분해 현금화하기가 쉽지 않아 환금성이 떨어진다. 반면 상장 주식은 시장을 통해 쉽게 돈으로 바꿀 수 있어 자신의 투자 자금을 회수하고 이익을 실현하는 데 유리하다.

소액주주는 어떤 역할을 할까?

물론 빛이 있으면 그림자도 있다. 상장하면 대주주의 회사 지배력이 약해진다. 대주주가 충분한 지분을 보유하고 있지 않다면 주주총회나 이사회에서 자신의 이익에 반하는 세력이 결집하고 원하지 않는 결과가 나타날 수 있다.

소액주주들이 경영에 간섭하는 점도 그림자가 될 수 있다. 지분이 많은 주주(3% 이상)는 회사에 임시총회 소집을 청구할 권리를 가지며 회계장부도 열람할 수 있다. 기업을 투명하고 원칙에 따라 경영한다면 아무런 문제가 되지 않지만, 만약의 경우 다수의 주주로부터 경영권 간섭이 일어나거나 심하면 경영권을 박탈당할 우려가 생긴다.

물론 이를 긍정적으로 해석할 수도 있다. 다수 주주의 경영권 간섭 가능성 때문에 대주주가 평소 투명한 경영과 우수한 실적을 위해 더욱 노력한다는 점이다.

마지막으로 회사의 재산이나 경영 상태 등 중요한 정보를 정기적으로 공시해야 하는 의무가 따른다. 상장회사는 다수의 이해관계자가 있기 때문에 사회적 책임도 크다.

이처럼 회사 입장에서는 여러 부정적인 측면도 있지만, 이를 상쇄하고도 남을 긍정 측면이 더 많으므로 회사들은 기회가 되면 적극적으로 상장을 추진한다.

상장하지 못한 주식 거래는 어떻게 할까?

정규 주식시장에 상장하는 회사보다 상장하지 못하는 회사들이 숫자로는 훨씬 많다. 이런 비상장회사의 주식을 보유한 주주들은 어쩔 수 없이 장외시장에서 주식을 거래해야 한다. 장외시장이라고 해서 구체적으로 마련된 공간이나 규칙이 있는 건 아니다. 정규 주식시장(장내시장)에서는 거래 시간, 체결, 자금 거래 등을 중개자가 책임지고 규제하지만, 장외시장에는 책임 있는 중개자가 없고 파는 사람과 사는 사람이 알아서 직접 매매해야 한다.

따라서 장외시장에서는 엉터리 주식을 팔거나 주식은 건네지 않고 돈만 챙기는 사기 피해를 볼 우려가 있다. 보유 주식을 팔고 싶어도 매수자를 찾지 못해 제때 거래하지 못할 가능성도 커 유동성이 떨어진다. 그러므로 장외시장에서의 주식 거래에는 각별한 주의가 필요하다.

이런 문제점을 보완하기 위해서 한국금융투자협회는 장외 주식을 편리하게 거래할 수 있는 전용 시장을 개설했다. K-OTC Korea Over-The-Counter다. 이전에는 프리보드free board라고 불렸다.

검은 머리 외국인은 누구일까?

주식 투자자는 크게 개인, 기관, 외국인으로 구분한다.

개인 투자자는 개인 자격으로 주식을 매매하는 내국인이다. 개미라는 별명으로 불리곤 한다.

기관 투자자는 한국거래소에 등록된 우리나라 금융회사나 기관을 통칭한다. 증권사, 자산운용사, 보험회사, 투자신탁회사, 은행, 연기금(연금과 기금을 합친 말. 국민연금기금, 공무원연금기금 등), 사모펀드 등이 들어간다.

외국인 투자자는 해외 국적을 가지고 우리나라 주식에 투자하는 주체이다. 외국인 투자 등록을 거쳐야 한다. 개인도 있지만, 대부분은 외국계 금융회사들이다. 미국계 외국인 비중이 제일 크고 유럽계가 뒤를 잇는다. 다만 국내에 6개월 이상 거주하고 있는 외국인들은 외국인 투자 등록 없이도 자유롭게 국내 주식에 투자할 수 있는데 이들은 기타 외국인으로 분류된다.

언론에 가끔 '검은 머리 외국인(약칭 검머외)'이라는 말이 나오는데, 주식시장에서는 본래 뜻과 달리 외국인인 척하는 한국 국적의 투자자를 가리킨다. 해외에 있는 페이퍼컴퍼니 등을 통해 마치 외국 자본인 척하면서 국내 주식에 투자하는 사람이다. 우호 지분을 비밀리에 모으거나 지분 상속 시 상속세를 회피하기 위한 목적 등 좋지 않은 취지로 투자하는 사람들인 경우가 많다.

주식 거래는
어떻게 하는 걸까?

주식 거래를 하려면 거래를 중개해주는 증권회사를 선택하고 해당 증권사에 계좌를 개설한 뒤 돈을 입금하면 된다. 주식 거래는 주로 컴퓨터나 스마트폰으로 한다. 증권사 지점을 직접 방문하거나 전화로 상담원에게 주문을 요청하는 방법도 있지만, 요즘 이런 방법을 쓰는 사람은 거의 없다. 수수료도 비싸다.

컴퓨터를 이용하려면 해당 증권사가 만든 HTS Home Trading System를 설치해야 한다. 컴퓨터 기반 주식 거래 프로그램이다. 스마트폰으로는 해당 증권사의 앱을 다운로드해 거래하면 된다.

증권사를 선택하거나 주식 거래 방법(컴퓨터 또는 모바일)을 고를 때 중요한 요소는 거래 수수료다. 증권사, 주식 거래 방법, 거래

금액에 따라 수수료가 다 다르다. 비율로 따지면 낮은 수준이라 할 수 있지만, 거래를 자주 할수록 그리고 수익률이 높지 않을수록 거래 수수료가 의외로 큰 부담으로 다가온다. 이왕이면 거래 수수료가 적을수록, 또는 아예 내지 않는 편이 좋다.

주식 매매 방식 세 종류

매매할 회사 주식을 정하고 나면, 주식 매매 주문을 내는데 이때도 여러 가지 방식이 있다.

제일 먼저 거래자가 주식 가격을 직접 지정해 주문하는 방법이 있다. 이를테면 "A 주식 100주를 1만 원에 매수하겠다"는 식이다. 거래자가 원하는 가격을 직접 지정하므로 '지정가' 주문 방식이라고 한다. 제일 많이 쓰이는 방식이라 '보통가'라고도 한다.

만약 현재가가 1만 원인데 매수자(주식을 사는 사람)가 9,500원에 산다고 가격을 지정해 주문을 낸다면, 시장 가격이 이 수준으로 내려갈 때까지 주문이 체결되지 않는다. 자신이 원하는 가격이 아니면 거래하지 않겠다는 생각일 때 활용하는 방식이다.

'시장가' 주문 방식도 있다. 거래자가 가격을 지정하지 않고 그냥 시장에서 형성되는 가격으로 거래하겠다는 취지이다. 가격과 상관없이 반드시 매매하려는 사람이 활용하는 방식이다. 거래자는 원하는 주식 수량만 입력하면 된다. 시장가로 거래되므로 주문 즉시 체결된다. 다만 거래자에게 불리한 가격에 거래가 체결될 수 있다는 단점이 있다.

이 두 방식을 적절하게 섞어 보완한 게 '조건부 지정가' 주문 방식이다. 시장의 정규 거래 시간에는 거래자가 입력한 지정가로 주식을 매매하지만, 장이 끝나기 10분 전까지 매매가 체결되지 않는다면 시장가 주문으로 자동 전환된다.

시세에 따라 주문 가격 단위가 다른 이유는?

주식을 사거나 팔기 위해 부르는 가격을 '호가'라고 하는데, 여기에도 규칙이 있다. 매도자가 제시한 매도 호가가 거래 화면의 왼쪽 상단에 파란색으로 표시되며, 매수자가 제시한 매수 호가는 오른쪽 하단에 빨간색으로 표시된다. 두 호가가 만나는 수준에서 주식 매매가 체결된다.

그런데 매수자나 매도자가 어떤 주식을 가령 '123,456원'에 사겠다는 식으로 자유롭게 허용한다면 호가가 정신을 못 차릴 정도로 다양해진다. 더욱이 주가가 10만 원인 주식의 경우 1원 단위의 호가는 별 의미가 없다. 그래서 주식 단가에 따라 허용하는 호가를 다르게 정해놓고 있다. 주식 단가가 1,000원 미만인 경우에만 1원 단위의 호가를 허용한다. 주식 단가가 5만~10만 원이라면 100원 단위로 주문해야 한다.

호가의 가격 단위

주식 시세	유가증권시장	코스닥시장
1,000원 미만	1원	
1,000~5,000원 미만	5원	
5,000~10,000원 미만	10원	
10,000~50,000원 미만	50원	
50,000~100,000원 미만	100원	100원
100,000원~500,000원 미만	500원	
500,000원 이상	1,000원	

호가 단위는 복잡하지만 그리 신경 쓸 필요는 없다. 매매할 때 호가 단위가 틀리면 입력이 안 되고 맞게 입력하도록 프로그램이 돼 있다. 거래 화면에 나오는 여러 호가를 참고해서 그 가운데 하나를 선택하면 된다.

주식 거래 체결의 우선순위

주식시장에는 거래자 수가 매우 많고 주문 내용도 다양하며 주문 시간도 제각각이다. 그렇다 보니 서로 자기 주문이 우선권을 가진다고 주장할 수 있다. 제일 비싼 가격을 부른 사람이 최우선이어야 한다는 주장, 시장 문을 열자마자 주문한 사람에게 우선권을 주어야 한다는 주장, 주문 금액이 많은 큰손을 우선시해야 한다는 주장 등이 제기될 것이다. 그러나 우리나라 주식시장의 체결 원칙은 가격, 시간, 수량 우선 원칙이다.

제1의 원칙은 가격 우선이다. 매수 호가라면 높은 가격이 낮은 가격에 우선한다. 따라서 매수 호가가 가장 높은 주문부터 거래가 체결된다. 반면 매도 호가라면 낮은 가격부터 우선 체결된다. 이 원칙은 당연하게 받아들여진다. 그런데 매매자가 매우 많아 같은 호가의 주문이 여러 개 있기 마련이다. 호가가 겹치는 주문들은 어떻게 해야 할까?

그래서 시간을 우선으로 한다는 제2의 원칙을 정했다. 같은 호가라면 먼저 주문을 낸 사람부터 차례대로 거래를 체결하는 원칙이다. 그런데 호가가 같은 주문이 같은 시간에 동시에 여러 개 나오는 경우도 있을 수 있다. 이때는 수량을 우선으로 하는 제3의 원칙이 적용된다. 주문 수량이 많은 쪽이 우선순위를 차지한다. 지금은 증권사의 전산 시스템 덕분에 주문 시간을 초의 소수점 단위까지 측정해서 100% 동일한 시간의 주문은 현실적으로 발생하지 않아 대개는 제2의 원칙 선에서 주문이 체결된다.

주식 체결의 우선순위를 정리하면 다음과 같다.

가격 우선의 원칙 > 시간 우선의 원칙 > 수량 우선의 원칙

체결되지 않은 주문은 어떻게 될까?

거래자가 지정가로 넣은 매매 주문이 그날 체결되지 않으면 어떻게 될까? 주문이 다음 날로 자동으로 넘어가 여전히 유효할까?

예를 들어 매수자가 시장가 10만 원인 주식을 이보다 싼 9만 원에 사려고 지정가로 주문을 냈다고 하자. 주가가 9만 원으로 떨어지지 않아 주식 매수에 실패한 채 장이 마감됐다. 미체결 주문이 된 것이다.

매수자가 내놓은 이 주문은 장이 끝나면 자동 취소된다. 다음 날까지 이어지지 않는다. 즉 매매 주문은 당일에만 유효하다. 매수 의지가 있다면 다음 날 다시 새로 주문해야 한다. 다음 날에 이어서 주문이 남아 있겠지 하는 생각에 무턱대고 기다리면 안 된다.

만약 이 매수자가 1,000주를 사겠다고 주문을 냈는데, 600주만 체결되고 나머지 400주는 체결되지 않았다고 하자. 이 경우에도 체결되지 않은 400주 부분의 주문은 자동 취소된다.

39

주식을 팔면
돈은 언제 들어올까?

주식 매수 주문을 내고 체결되었다는 결과까지 확인했음에도 계좌에 있는 돈이 빠져나가지 않고 여전히 남아 있다. 주식을 매도했을 때도 마찬가지로 체결 즉시 돈이 들어오지 않는다. 이상하지 않은가? 혹시 거래에 문제가 생긴 건 아닐까? 그런 건 아니다. 우리나라는 3일 결제 제도를 채택하고 있어서 기다려야 한다.

주식을 매매하면 주식을 판 사람은 자신의 주식을 넘기고, 산 사람은 그 주식을 받아야 한다. 그리고 당연히 돈은 주식과 반대 방향으로 손바뀜을 해야 한다. 이 과정이 마무리되면 비로소 주식 거래의 결제가 완료된다. 마트에서 물건을 사는 것처럼, 돈을 내고 주식을 바로 받으면 깔끔하게 결제가 마무리될 것 같은

데 주식 거래는 그렇지 않다. 이 과정에 3일이나 걸린다. 그래서 3일 결제 제도라고 한다. 왜 3일이나 걸릴까?

주주는 주식을 집에 보관하고 있지 않다. 한국예탁결제원이라는 곳에서 안전하게 보관하고 있다. 매매자는 계좌를 통해 주식 대금을 정산할 뿐이며 주식은 그대로 이곳에 머문다.

주식 매매가 체결되면, 주식과 돈을 상대방에게 건네주기로 약정(약속)한 것이다. 그래서 이날을 약정일 또는 체결일이라고 한다. 주식 매매 체결 정보는 한국거래소를 거쳐 한국예탁결제원에 전달된다. 한국예탁결제원은 장부상으로 대체 기재book-entry함으로써 주식이 매도자로부터 매수자로 넘어갔다는 권리 이전을 대신 해준다. 주식의 권리 이전이 마무리되면, 마지막 단계로 매수자의 계좌에서 출금된 돈이 매도자의 계좌로 입금됨으로써 결제까지 완료된다. 이날이 결제일이다. 이런 일련의 과정을 거치는 데 3일이 걸린다.

거래 프로그램이나 여러 자료를 보면 T+2 또는 D+2 같은 표현이 나온다. 이 역시 3일 결제 제도를 표시한다. 영어 T는 거래가 이루어진 날transaction date, D는 날day의 첫 자이다.

| 3일 결제 | = | 3영업일 결제 | = | 3거래일 결제 | = | T+2일 결제 | = | D+2일 결제 |

결제일을 더 앞당길 수는 없을까?

결제되기까지 시간이 너무 오래 걸린다고 생각할 수 있지만 좋은 소식도 있다. 결제일 정산은 보통 오전 7시 전후에 일괄 처리되므로 3일째 되는 날에는 이른 아침에 돈을 찾을 수 있다.

우리나라뿐 아니라 대부분 선진국이 T+2일 결제 제도를 시행하고 있다. 미국은 2017년에야 T+3일에서 T+2일로 단축했다. 단, T+2일은 미국 현지의 결제일이다. 미국 주식을 매도한 한국인 투자자의 계좌에 돈이 입금되는 결제일은 T+3일이다. 캐나다는 T+3일 결제 제도를 시행하고 있다.

그런데 지금처럼 기술이 발달한 세상에서 T+1일 결제 또는 T+0일 결제도 가능하지 않을까? 전문가들은 기술적으로는 가능하다고 말한다. 그럼에도 앞당기지 않는 이유는 엄청난 전산 구축 비용에 있다.

결제 기간을 단축할 경우 안전성이 담보되지 않는다는 점을 근거로 결제일 단축에 반대하는 사람도 있다.

목요일에 매도하면 토요일에 돈이 들어올까?

3일 결제에도 주의할 점이 있다. 매매 당일을 포함해 3영업일째에 결제된다는 뜻이다. 즉 3일은 매매 당일, 다음 영업일, 결제일로 구성된다.

월요일에 주식 매매가 체결된다면, 월요일을 포함해 3영업일째인 수요일에 결제가 되어 돈이 빠져나가거나 들어온다. 목요일에 주식 매매가 체결된다면, 다음 주 월요일에 결제된다. 토요일과 일요일 또는 공휴일은 영업일이 아니므로 3일을 세는 데서 빼야 한다.

주식을 매도해 받은 돈을 써야 할 일이 있다면 이 점을 고려해서 늦지 않게 주식을 매도해야 한다. 매도 당일 돈이 바로 들어오는 것으로 착각해서 부동산 계약금 약속 같은 중요한 거래에서 낭패를 보는 일이 없어야 한다.

그렇다면 주식을 매도한 대금으로 새 주식을 사려면 입금되는 3일째까지 기다려야 할까? 그렇지는 않다. 주식을 매도하면 이미 계약이 맺어졌고 전산으로 처리되었으므로 당연히 돈의 입금을 담보할 수 있다. 그래서 증권사는 결제될 돈을 새 주식을 사는 데 바로 쓸 수 있도록 허용한다. 예를 들어 오늘 100만 원을 매수해서 110만 원에 매도할 경우, 110만 원은 T+2일에 입금되지만 오늘 110만 원어치 매수 주문이 가능하다.

주식을 매수하고 같은 날 다시 그 주식을 매도하는 것도 가능하다. 같은 날뿐 아니라 몇 초가 지나서도 가능하다. 이런 방식으로 투자하는 기법이 단타 매매다.

한국예탁결제원은 어떤 역할을 할까?

매도자와 매수자가 직접 만나서 돈과 주식을 교환한다면 그 과정이 불편할 뿐 아니라 주식의 분실과 위조가 빈번하게 발생할 가능성이 있다. 지리적 한계를 극복할 수 없어 주식 거래가 극히 제약되고, 화재나 도난 등의 사건사고도 일어날 수 있다.

이런 문제를 해결하기 위해 주식을 신뢰할 만한 곳(한국예탁결제원)에 맡기고 장부상으로 대체하는 제도를 도입한 것이다. 덕분에 수많은 투자자가 대량으로 거래하는 주식 유통이 원활하게 이루어질 수 있으며 주식 분실 등의 각종 위험을 피할 수 있게 됐다. 각자 주식을 보유하면서 거래할 때마다 주식을 주고받을 필요도 없다.

2019년부터 새로 발행하는 주식이나 채권은 종이 형태의 실물조차 발행하지 않고 전자적으로 발행·관리하고 있다. 덕분에 실물을 인쇄하고 보관하는 비용을 대폭 줄일 수 있게 됐다.

왜 매도액이 다 들어오지 않을까?

주식 거래를 하면 거래 수수료를 내야 한다. 증권회사가 투자자들의 주식 거래를 중개해주는 서비스를 제공한 대가로 받는 수수료다. 주식을 살 때나 팔 때나 증권회사의 중개가 필요하므로 수수료는 거래할 때마다 내야 한다. 거래에서 이익이 났든 손실이 났든 수수료를 낸다. 단, 주문을 냈지만 체결되지 않았다면 매매가 이루어지지 않았으므로 수수료를 내지 않는다.

주식 거래를 하면 증권 거래세도 내야 한다. 증권 거래세는 주식을 살 때는 내지 않고 팔 때 한꺼번에 낸다. 유가증권시장이냐 코스닥 시장이냐에 따라 세율 체계가 조금 다르지만, 주식 판매 대금의 0.25%로 생각하면 된다. 이 거래비용 때문에 100만 원에 사서 바로 100만 원에 되팔더라도 계좌 잔액은 100만 원이 채 되지 않는다.

40

배당금은
어떻게 받는 걸까?

회사는 한 해의 영업을 마무리하면 실적을 결산한다. 결산 결과 확정된 이익이 있을 때 이를 처분하는 몇 가지 방법이 있다.

미래에 대비하고 사업에 재투자하는 방법, 주식시장에서 자사주를 매입하는 방법, 주주들에게 나눠주는 방법이다. 이 중 이익의 일부를 주주에게 나눠주는 것을 '배당dividend'이라고 한다.

배당은 이익을 주주와 공유하는 것이다. 자본금을 제공하고 회사를 지원해준 주주에게 감사를 표하고 주식을 계속 보유하도록 인센티브를 제공하는 기능이 있다. 또 배당은 회사의 투자 매력도도 높인다.

배당을 하려면 주주총회에서 주주의 의결을 거쳐야 한다. 배당은 현금이나 주식으로 할 수 있는데, 대개 현금 배당으로 한다. 지급 시기는 우리나라의 경우 보통 연 1회지만 반기, 분기 배당도 있다. 미국에는 매월 배당금을 지급하는 회사도 있다.

이익이 발생했다고 모든 회사가 의무적으로 배당을 실시해야 하는 것은 아니다. 손실이 발생하면 배당을 줄 수 없기도 하다. 아예 배당을 하지 않는 회사도 있다. 점차 개선되고 있지만, 우리나라 회사는 선진국에 비해 배당에 인색하다.

배당을 많이 주느냐 적게 주느냐는 회사의 이익 규모에 달려 있지만, 기본적으로 회사의 경영 철학이 중요하다. 성장 가능성이 큰 회사들은 대개 배당에 인색한 경향이 있다. 이익을 재투자하거나 새로운 시장을 개척하는 데 써서 장기적으로 회사 규모를 키워 주가를 올리는 게 주주에게 더 이득이라고 믿는다.

배당의 적극성 여부는 뭘로 판단할까?

회사가 배당에 얼마나 적극적인지를 판단하는 지표로 배당 성향과 배당 수익률이 있다. 이름이 비슷해 헷갈리기 쉬운데, 당기순이익 가운데 배당금으로 나가는 비율이 '배당 성향'이다. 순이익이 100억 원이고 30억 원을 배당금으로 사용했다면 배당 성향이 30%이다.

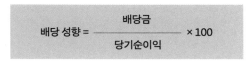

$$배당 성향 = \frac{배당금}{당기순이익} \times 100$$

　배당 성향이 높을수록 회사가 벌어들인 수익 가운데 많은 부분을 주주에게 돌려준다는 의미다. 높은 배당 성향이 반드시 주주에게 좋은 것만은 아니다. 배당 성향이 높을수록 재투자에 사용할 사내 유보금이 적어져 장기적으로 회사가 성장하는 데 지장을 줄 우려가 있다. 갑자기 경제위기가 닥치거나 불의의 사고로 회사 경영이 어려워지는 경우 회사 내에 자금이 부족해 버티기 힘들 수 있다.

　한 주당 배당금이 현재 주가의 몇 퍼센트에 해당하는지를 나타내는 지표가 '배당 수익률'이다. 회사의 주가가 10만 원인데 주당 3,000원씩 배당금을 지급한다면, 배당 수익률이 3%이다. 배당금으로 주가 대비 얼마의 돈을 벌 수 있는지를 보여준다. 배당 수익률이 높은 곳을 고배당 기업이라고 한다.

$$배당 수익률 = \frac{주당 배당금}{주가} \times 100$$

배당을 받으려면 언제 주식을 매수해야 할까?

어느 회사의 배당을 받으려면 어떻게 해야 할까? 1년 내내 해당 주식을 보유해야 할까? 아니면 1년 가운데 해당 주식을 보유한 기간에 비례해 배당금을 지급하는 걸까? 예를 들어 주당 배당금 1,000원을 6개월씩 보유한 두 사람에게 500원씩 나눠주는 걸까?

모두 아니다. 배당을 받으려면 '배당 기준일'이라는 날짜에 해당 주식을 보유하면 된다. 배당 기준일은 배당을 받을 수 있는 자격을 가르는 날이다. 이날 주주명부에 이름이 올라가 있는 주주에게 배당금이 지급된다. 지금까지 얼마나 오래 주식을 보유하고 있는지는 따지지 않는다. 단 하루를 보유한 사람이나 1년 내내 보유한 사람이나 모두 같은 배당금을 받는다.

그런데 주식은 매수 주문이 체결된 후, 2영업일이 지나야 계좌에 입고되는 D+2일 제도임을 감안했을 때 배당 기준일의 이틀 전까지는 주식을 매수해야 배당 기준일에 주주 자격이 생긴다.

예를 들어보자. 우리나라 기업은 보통 1년에 한 번 배당을 진행하며 연말에 결산한다. 이 경우 배당 기준일은 12월 30일이다. 참고로 한 해의 마지막 날인 12월 31일은 주식시장이 휴장한다. 배당 기준일이 12월 30일이므로 이보다 이틀 전, 다시 말해 12월 28일까지는 원하는 주식을 매수해야 배당금을 받을 자격이 생긴

배당 기준일과 마지막 매수일

12월 28일	12월 29일	12월 30일	12월 31일
D-2일 ▶	D-1일 ▶	D일 ▶	D+1일
마지막 매수일	배당락일	배당 기준일	주식 휴장일

다. 다만 어떤 해에는 12월 30일을 연말 휴장일로 정하기도 한다. 이때는 마지막 매수일, 배당락일이 하루씩 앞당겨진다.

'배당락일'은 배당받을 권리가 사라지는 날이다. 이날 주식을 매수해도 배당받지 못한다. 반대로 12월 29일에 보유 주식을 매도한 사람은 배당금을 받는다.

배당락일에 주식을 사서 주주가 되는 투자자는 배당받을 권리가 없는 주식을 사는 것이므로 바로 전날까지의 주식과 성격이 다르다. 하룻밤 사이의 일로는 불공평하다. 그래서 배당락일에는 배당받은 수익만큼 주가가 내린 상태로 시가가 출발한다. 이것이 '배당락'이다.

배당금은 어디에서 받을까?

배당금 지급이 결정되면 배당 통지서가 주주의 집으로 발송된다. 최근에는 자원 절약을 위해 우편 통지 대신 온라인 서비스로 대체되는 추세이다. 통지서에는 주당 배당금, 보유 주식 수, 배당금 지급 날짜 등이 기재되어 있다.

주주라면 별도의 신청 절차를 거치지 않아도 해당 날짜에 배당금이 자동으로 증권 계좌에 입금된다. 배당금도 과세 대상이라 세금이 원천징수된 나머지 금액이 들어온다. 이자 소득과 마찬가지로 세율은 15.4%(배당소득세 14%, 주민세 1.4%)이며, 총배당금이 1년에 2,000만 원 이하라면 별도로 세금 신고를 할 필요가 없다.

주가지수는
어떻게 만들어질까?

우리나라 주식시장에서 거래되는 종목 수는 2,500개를 훌쩍 넘는다. 종목별로 주가는 다 다르다. 그리고 그 주가의 변동 역시 천차만별이다. 상한가를 기록하는 종목, 하한가로 곤두박질치는 종목이 있는가 하면, 어떤 종목은 움직임 없이 전날 종가를 유지한다.

이처럼 수많은 종목의 다양한 주가 변동을 일일이 확인해서 주식시장의 흐름을 파악하는 일은 불가능하다. 그래서 주식시장의 흐름을 한눈에 알아볼 목적에서 작성하는 지표가 있다. 바로 '주가지수'다.

주가지수는 어떻게 구할까?

주가지수를 만드는 방법에는 몇 가지가 있는데, 우리나라는 주식의 시가총액을 이용하는 가장 보편적인 방법을 활용한다.

개별 기업의 시가총액은 발행 주식 수에 주가를 곱하면 나온다. 주식시장에 상장된 모든 기업의 시가총액을 다 합하면 주식시장 전체의 시가총액, 즉 주식시장 규모를 파악할 수 있다.

뉴욕 증권거래소의 시가총액이 세계에서 제일 크며, 미국 나스닥이 그 뒤를 잇는다. 우리나라 한국거래소는 시가총액 측면에서 세계 10위권 정도이다.

이제 기준이 되는 날짜에 구한 시가총액 대비, 현시점에서 구한 시가총액이 어느 정도인지를 계산하면 주식시장이 기준 시점에 비해 얼마나 변했는지를 파악할 수 있다.

$$\text{코스피} = \frac{\text{비교 시점의 시가총액}}{\text{기준 시점(1980년 1월 4일)의 시가총액}} \times 100$$

코스피 또는 코스피지수는 1980년 1월 4일을 기준 시점으로 한다. 여기에 100을 곱하는 이유는 지수의 기준값을 100으로 만들기 위함이다. 종전 명칭은 종합주가지수였으며 2005년부터 코스피로 바뀌었다.

코스닥지수를 산출하는 방식도 마찬가지다. 코스닥 시장 개장일인 1996년 7월 1일이 기준 시점이다. 다만 지수를 산출할 때 100이 아니라 특이하게 1,000을 곱한다. 기준 시점의 코스닥지수가 1,000이라는 말이다.

$$\text{코스닥지수} = \frac{\text{비교 시점의 시가총액}}{\text{기준 시점(1996년 7월 1일)의 시가총액}} \times 1,000$$

코스닥지수의 기준값이 1,000인 까닭은?

경제학에서 지수는 보통 기준값을 100으로 정한다. 소비자물가지수도 그렇고 경기종합지수도 마찬가지다. 그런데 코스닥지수는 기준이 1,000이다. 왜 그럴까?

코스닥지수도 1996년 처음 출발할 때는 기준값 100으로 시작했다. 그런데 코스닥시장이 부진에서 벗어나지 못해 2003년에는 코스닥지수가 37포인트까지 떨어졌다. 증시라는 게 기업이 성장하면서 지수도 커져야 하는데, 출발 시점 대비 3분의 1로 쪼그라든 것이다. 이 정도로 낮은 수준의 지수는 세계에서 유례를 찾아보기 힘들 정도였다.

이에 지수를 명목상으로나마 키우자는 아이디어가 받아들여져 2004년부터 기준값을 10배로 불려 지금까지 이어지고 있다. 코스닥지수가 1,100포인트라면 예전 기준으로는 110포인트인 셈이다.

뉴스나 증시 사이트를 보면 코스피지수와 코스닥지수 말고도 KOSPI 200, KOSDAQ 150, KRX 300 같은 주가지수도 있다. 이들 지수도 작성 방법은 동일해서 기준 시점의 시가총액과 비교 시점의 시가총액을 비교한다. 뒤에 있는 숫자는 시가총액을 계산할 때 집어넣는 종목의 수를 표시한다.

예를 들어 KOSPI 200은 유가증권시장에서 거래되는 상장 종목 가운데 시가총액이 크고 거래량이 많아 시장을 대표한다고 간주되는 200개 종목을 골라 만든 주가지수다. KOSDAQ 150은 코스닥시장에 상장된 종목 가운데 대표성을 지니는 150개 종목을 선정해 구한 주가지수다. KRX 300은 유가증권시장과 코스닥시장을 구분하지 않고 상장된 종목 가운데 우량 종목 300개를 선정해 작성하는 주가지수다. KRX 300도 기준 시점의 지수를 1,000으로 정했다.

미국도 같은 방법으로 주가지수를 만들까?

미국 주식시장의 주가지수 종류는 우리나라보다 훨씬 다양하다. 이 가운데 미국 시장을 대표하는 3대 지수로 S&P 500지수, 다우존스 산업평균지수(다우지수), 나스닥 종합지수를 꼽는다. 우리나라 뉴스에도 자주 보도되는 지수들이다. 그런데 이 3대 지수를 작성하는 방법은 사뭇 다르다.

S&P 500은 스탠더드앤푸어스Standard & Poor's가 개발한 주가지수다. 뉴욕 증권거래소와 나스닥을 망라해 선정한 500개의 우량 종목으로 구성되어 있어 미국 주식시장 전반의 움직임을 보여준다.

흔히 다우지수라고 하는 다우존스 산업평균지수Dow Jones Industrial Average는 지수를 고안한 두 사람, 찰스 다우Charles Dow와 에드워드 존스Edward Jones의 이름에서 유래한다. 1896년에 시작된, 오랜 역사를 자랑하는 주가지수다. 단, 다우지수에는 30개 종목만 포함되는 탓에 미국 시장 전체를 대변한다는 측면에서는 S&P 500지수보다 취약하다. 그럼에도 뉴욕 증권거래소와 나스닥을 구분하지 않고 세계적으로 유명한 초우량 기업들로만 구성되어 있어 미국 주식시장의 흐름을 읽을 때 빼놓지 않고 살펴보는 지수다. 미국 초우량 기업의 주가 흐름을 대변하는 지수라 할수 있다.

다우지수는 산정하는 방식도 독특하다. 대개의 주가지수가 시가총액을 활용하는 데 비해서 다우지수는 주가를 활용한다. 초기에는 아주 단순하게 30개 종목의 주가를 더한 후 기업의 개수로 나눈 산술 평균 주가로 산정했다. 이 작성법에 따르면 시가총액이 작더라도 주가가 비싼 회사가 지수에 커다란 영향을 미친다. 이에 대한 문제가 꾸준히 제기되자 작성 방식을 비율 평균으로 바꿨다. 주가의 합을 제수divisor라는 수치로 나누는 방식이다. 제수는 액면 분할이나 퇴출 등으로 주가에 단층이 발생하면 조정된다.

$$\text{다우지수} = \frac{\text{기업 주가의 합}}{\textit{Dow Divisor}}$$

나스닥 종합지수NASDAQ Composite는 나스닥시장에 상장된 약 3천 개 기업 전체의 시가총액을 활용해 작성하는 주가지수다. 이 가운데 상위 100개만 선정해서 작성하는 지수가 NASDAQ 100이다.

주가지수만 보면 될까?

주가지수는 주식시장 전체의 흐름을 파악하는 데 유용하다. 시장 전체의 흐름만 잘 파악하더라도 주식 투자에서 손해보다 이익을 볼 확률이 높아진다. 특히 ETF처럼 시장 지수를 추종하는 투자 상품에 관심이 있다면 더 그렇다.

'시장을 이기는 종목은 없다'는 말이 있다. 아무리 좋은 종목이라도 주식시장 자체가 부진하면 오르기 힘들다는 뜻이다. 그러므로 주가지수의 흐름을 파악하고 분석하는 일은 매우 중요하다.

그렇다고 주가지수가 모든 것을 말해주지는 않는다. 단적인 예로 주가지수와 완전히 따로 움직이는 종목도 많이 있다. 따라서 주가지수를 통해 개별 종목의 주가를 정확히 판단하기는 어렵다. 투자 종목을 선택하기 전에 해당 기업의 본질을 철저하게 분석해야 한다.

42

금리가 올랐는데
주가는 왜 떨어지는 걸까?

주가는 금리와 반대 방향으로 움직인다. 즉 금리가 내리면 주가가 올라가고 금리가 오르면 주가가 내려간다. 여기에는 여러 가지 이유가 있다.

우선 재테크 관점에서 설명할 수 있다. 금리가 낮아지면 은행 예금의 매력도가 떨어진다. 더 높은 수익률을 원하는 사람들이 예금 대신 새로운 투자처를 찾는다. 부동산 시장이나 주식시장을 기웃거리는 사람이 늘어난다. 주식시장으로 투자 자금이 유입되므로 주가가 오른다.

투자자 관점에서 보면 예금, 주식, 부동산 등은 서로 대체재 관계에 있다. 돈은 기대 수익률이 높은 곳으로 흘러가기 마련이다.

따라서 금리와 주가 사이에는 역의 관계가 뚜렷하게 성립한다.

돈이 주식시장으로 몰리면서 주가가 오르는 상황을 '금융 장세' 또는 '유동성 장세'라고 한다. 주식을 사려는 돈이 많아져 오르는 주가이므로 금융 장세가 열리면 일반적으로 주가 상승 속도나 상승 폭이 크다.

주가와 금리가 반대 방향으로 움직이는 두 번째 원인은 기업의 이자 비용 절감에서 찾을 수 있다. 금리가 낮아지면 기업의 대출금에 대한 이자 부담이 줄어들고 순이익이 증가한다. 기업의 수익성이 나아지므로 주가가 오르는 요인이 된다.

마지막으로 소비 확대 요인도 있다. 금리가 낮아지면 사람들의 소비가 늘어난다. 대출에 대한 이자 부담이 줄면서 기업이 대출을 확대해 신규 투자에 나선다. 소비와 투자가 늘어나 경기가 좋아져 기업의 매출과 이익이 개선되고 주가도 오른다.

금리와 주가의 움직임이 같을 때도 있을까?

그렇다고 현실에서 금리와 주가가 기계적으로 늘 반대 방향으로 움직이지는 않는다. 앞서 말한 금리와 주가의 관계는 다른 변수들을 고려하지 않았을 때 그렇다는 얘기다. 경기 상황이나 경기 전망에 따라서 금리 변동에도 주가가 반응하지 않거나 심지어 같은 방향으로 움직일 때도 있다.

예를 들어 경기가 좋지 않은 상황이라고 하자. 경기가 조만간 나아질 것 같지도 않다는 비관적 전망이 우세하다. 이에 한국은행이 금리를 인하했다. 그런다고 기업이 덥석 대출을 늘려 신규 투자에 나서지는 않는다. 개인 투자자들도 마찬가지로 바로 예금을 찾아 주식 투자에 달려들지 않는다. 만약 부동산 시장이 좋다면 예금에서 나온 돈 대부분이 부동산으로 몰린다. 이런 상황이라면 금리 인하에도 주가가 오르지 않는 모습이 나타난다.

금리가 오를 때도 마찬가지다. 기업의 이자 부담이 커져 이익이 준다. 하지만 이자가 늘어나는 것보다 경기가 좋아 사업으로 벌어들이는 돈이 더 많다면 기업의 이익은 오히려 늘어난다. 그 결과 금리와 주가가 같이 오를 수 있다. 이런 현상은 경기가 상승하는 과정에 있을 때 종종 나타난다. 경기가 좋아져 기업 실적이 개선됨으로써 주가가 오르는 상황을 '실적 장세'라고 한다.

기준금리 인상 발표와 주가 상승의 관계

한국은행이 기준금리 인상을 발표한 날에 오히려 주가가 오르는 경우가 있다. 이는 두 가지로 설명할 수 있다.

먼저 불확실성 해소라는 측면이다. 기준금리 인상이 불가피하다는 인식이 공유되고 있더라도 한국은행이 어느 정도로 금리를 인상할지는 정확히 알 수 없다. 투자자마다 다르게 판단하고 예측한다. 불확실성이 주식시장을 지배해 투자자들이 주식 투자에 소극적인 자세를 취한다.

이런 상황에서 한국은행이 구체적인 금리 인상을 발표하면 시장을 지배하던 불확실성이 깨끗이 해소된다. 안개가 걷히니 투자자의 의사결정이 쉬워진다. 금리 인상은 분명히 주가 상승에 걸림돌이지만, 주가 상승의 발목을 잡았던 불확실성이 해소된 덕분에 오히려 주가가 오르기도 한다.

금리 인상의 영향이 선반영됐다는 사실도 작용한다. 한국은행이 뜬금없이 기습적으로 기준금리를 올릴 리 없다. 경제 여건이 금리 인상을 불가피하게 만든 결과이다. 한국은행이 기준금리를 올릴 것이라는 경고는 경제 전반에서 오래전부터 나타나며, 투자자를 비롯한 경제 주체는 이를 사전에 인지한다. 그래서 한국은행이 기준금리를 인상하기 전에 주가가 미리미리 조금씩 그 영향을 받아 하락한다. 금융통화위원회가 열리는 날, 한국은행이 예상된 범위 안에서 기준금리를 인상한다면 주가가 추가로 조정받을 여지가 없다. 이미 충분히 반영되어 있기 때문이다.

소문에 사서 뉴스에 팔아야 하는 이유는?

주가는 온갖 정보를 선반영하는 특성이 있다. 호재가 발표되었음에도 주가가 오르지 않거나 악재에도 주가가 내리지 않는 경우가 많은데, 이는 이미 알려질 만큼 알려진 호재나 악재인 탓에 주가가 이를 이미 충분히 반영했기 때문이다.

가령 회사의 양호한 실적이나 인수·합병 같은 좋은 소식(소문)을 먼저 접한 투자자들이 주식을 매수하기 시작하면서 주가가 꿈틀거린다. 이 소식은 점차 투자자들 사이로 퍼지고 주가는 더 오른다. 이처럼 선반영이 이루어진 결과, 언론을 통해 해당 소식이 뉴스로 전해지더라도 주가는 추가로 오르지 않는다. 오히려 내려갈 확률이 높다. "소문에 사서 뉴스에 팔아라"라는 유명한 증시 격언은 이를 반영한다. 언론에 보도되는 뉴스에 담긴 정보는 투자자 사이에서는 이미 한발 늦은 정보다. 새로운 소식이 아니라 낡은 소식이다.

주가는 기대감에 움직인다는 말이 있다. 특정 사건이 발생하기 전에 미리 오르거나 내리며, 막상 그 사건이 발생하면 오히려 주가가 반대로 움직이기도 한다. 주가가 경기에 선행하는 이유도 여기에 있다. 주가는 기대감 또는 미래에 대한 예상을 반영하므로 실물 경기보다 앞서 움직인다. 현재 경기가 좋지 않음에도 경기 회복 기대감에서 주가가 먼저 꿈틀거린다. 실제로 우리나라 주가는 경기보다 반년 정도 앞서 움직이는 것으로 알려져 있다.

주가를
예측할 수는 없을까?

주식 투자자의 꿈은 주가를 정확하게 예측해 많은 수익을 내는 것일 테다. 이 목표를 달성하려고 지금까지 수많은 사람이 매달렸으며 지금도 그 노력은 이어지고 있다. 지금도 이어지고 있다는 건 아직 주가 예측에 성공하지 못했다는 뜻이다.

주가를 예측하는 일은 신의 영역이라는 말이 있을 만큼 어렵다. 주가에 영향을 미치는 요인은 한두 가지가 아니며, 각 요인과 사건에 대한 사람들의 판단과 해석 또한 제각각이어서 따져야할 경우의 수가 사실상 무한대이기 때문이다.

엄청난 양의 데이터를 분석하고 수없이 많은 경우의 수를 학습한 후 그다음을 예측하려는 욕구는 바둑 경기에서 이긴 알파

고가 등장한 이후 더욱 강하게 표출되었다. 덕분에 딥러닝, 머신러닝 등 이른바 빅데이터 분석을 활용해 주가를 예측하는 프로그램이 속속 개발되고 있다. 하지만 이런 프로그램을 활용해 투자한 사람 가운데 정말 주식 예측에 성공하고 대박이 난 사람은 아직 없다.

주가 예측은 미래를 예측하는 일이다. 기술적으로 시간여행을 하는 타임머신을 개발하는 일과 마찬가지다. 미래 주가를 완벽하게 예측하는 기법이나 프로그램 개발은 세상을 더 혼란스럽게 할지도 모른다.

주식에서 돈을 벌기 힘든 이유

경제학에 '효율적 시장 가설efficient market hypothesis'이란 게 있다. 결론부터 요약하자면, 주가는 빠르게 모든 관련 정보를 반영하므로 미래 주가를 예측할 수 없다는 내용이다. 단, 여기에는 전제가 있다. 주식시장이 효율적이고 투자자들이 합리적이어야 한다. 효율적 시장이란 게 도대체 무슨 소리일까?

현재 호재 정보가 있음에도 해당 기업의 주가가 이를 미처 반영하고 있지 않다고 가정해 보자. 이 호재는 언젠가 주가에 반영될 테니 이를 이용해 돈을 벌 여지가 생긴다. 정보력이 뛰어난 사람이 먼저 주식을 매수해 놓고 기다리면 점차 호재 정보가 주가에 반영되면서 주가가 오른다.

이런 상황은 시장이 비효율적일 때나 가능하다. 효율적인 시장에서는 모든 정보가 빛의 속도로 주가에 즉각 반영된다. 따라서 그런 일은 일어날 수 없다. 현재 활용 가능한 모든 정보가 이미 주가에 반영되어 있다. 그렇다면 미래의 주가는 현재 이후에 새로 나타날 정보에 의해서만 영향받는데, 새 정보는 말 그대로 어느 누구도 알 수 없으므로 미래의 주가 변화를 예측할 수 없다.

이 주장은 수학적으로나 현실적으로 확실하게 증명된 이론이 아니다. 다만 진실에 가까울 것이라는 뜻에서 가설이다. 이 가설을 제기한 유진 파마Eugene Fama는 공로를 인정받아 노벨 경제학상을 수상했다. 실제로 이 가설은 주식시장에서 참에 가까운 면이 있다.

예를 들어 어느 회사의 신제품 스마트폰의 성능이 뛰어나다는 정보는 순식간에 주식시장으로 흡수된다. 이 소식을 접하고 해당 종목을 사려고 하면 이미 주가가 많이 올라 있음을 경험한 적이 있을 것이다.

효율적 시장 가설은 참에 가까운 가설이니 이를 곧이곧대로 받아들이면, 주식시장에서 남들보다 많은 돈을 벌기 힘들다는 교훈을 배울 수 있다. 주가 예측이 쉽다면 주식 고수들이 엄청난 부를 축적해 우리나라 최고의 부자 자리에 있어야 할 것이다.

길을 걷다가 바닥에 떨어진 5만 원짜리 지폐가 눈에 띄었다.

순간적으로 "저게 진짜 돈이라면 아직 저기 있을 리 없어. 누군가 이미 챙겼을 거야" 하면서 그냥 지나치면 효율적 시장 가설을 믿는 사람이다. 하지만 대부분의 투자자는 '혹시나?' 하는 생각에 돈을 줍는다. 진짜 돈이면 횡재이며 돈을 번 것이다. 가짜 돈이면 살며시 내려놓고 멋쩍은 듯 발걸음을 재촉한다.

왜 기관 투자자의 수익률이 높을까?

효율적 시장 가설이 지배한다면 주식 투자의 매력이 뚝 떨어진다. 주식에서 돈을 많이 벌어 일생일대 역전의 계기를 만들려는 투자자들을 실망에 빠뜨린다. 그렇다면 주식 투자에 성공한 사람들은 어떻게 가능했을까? 워렌 버핏 같은 사람은 어떻게 탄생할 수 있었을까?

그래서 효율적 시장 가설에 대한 반론도 많이 있다. 주식시장이 늘 효율적이지는 않다는 근거에서다. 장기적으로는 시장이 효율적으로 작동하더라도 최소한 단기적으로는 효율적이지 않다. 그 기회를 포착하고 활용하는 사람이 돈을 벌 가능성이 크다.

또 사람이 늘 합리적인 존재도 아니다. 같은 정보를 들어도 반응이 다르다. 그래서 새 정보가 오늘 주가에 부분적으로 반영되고, 다음 날에도 다시 주가가 추가로 오른다. 또는 어떤 정보에 과도하게 반응해 주가가 이상하리만큼 폭등하기도 한다. 이런 빈

틈을 잘 이용하면 주가 하락에 돈을 걸어 수익을 낼 수도 있다.

주식시장이 아무리 효율적이라고 해도 현실적으로 '약간의 실수'는 있다는 말이다. 약간의 실수를 제대로 찾아 활용하려면 전문적인 지식과 정보 역량이 필요하다. 개인은 감당하기 힘들며, 규모가 큰 금융회사가 유리한 위치에 있다. 기관 투자자들이 개인보다 높은 투자 수익률을 얻는 이유 중 하나가 여기에 있다.

44

주식회사는 자본금을
어떻게 늘릴까?

주식회사가 사업을 시작할 때 조성한 돈이 '자본금'이다. 주식회사의 종잣돈인 셈이다. 어떤 기업이 주식을 액면가 5천 원으로 1억 주 발행한다면 이 회사의 자본금은 5천억 원(=1억 주×5천 원)이다. 쉽게 말해 자본금은 발행한 주식의 총액과 같다.

회사 규모가 커지거나 새 사업을 확장하려면 사업 밑천이 더 필요하니 자본금을 늘릴 필요가 있다. 주식회사가 자본금을 늘리려면 주식을 새로 발행하면 된다. 이를 '증자capital increase'라고 한다. 증자에는 '유상증자'와 '무상증자'가 있다.

유상증자는 기업이 새로 발행한 주식을 돈을 받고 파는 방식으로 일반적으로 생각할 수 있는 증자 방식이다. 기존 주주가 매수할 수도 있고, 새 투자자들이 매수해 주주가 될 수도 있다.

무상증자는 돈을 받지 않고 기존 주주에게 새 주식을 나눠주는 방식이다. 그런데 돈을 받지도 않았는데 어떻게 회사의 자본금이 늘어날 수 있을까? 회계에 그 답이 있다.

무상증자로 자본금이 늘어나는 비법은?

주식회사는 사업을 하면서 얻은 이익을 '잉여금'이라는 이름으로 쌓아놓는다. 잉여금이 충분하다고 판단하는 주식회사는 일부를 자본금 항목으로 옮기는 식으로 회계 처리하면서, 그에 해당하는 만큼 주식을 새로 발행해 기존 주주에게 무상으로 나눠준다. 이윤을 주주에게 현금으로 배당하는 게 아니라 새 주식을 만들어 배당하는 것으로 생각하면 된다.

다시 말하면 자본금이 회사 외부에서 들어오는 게 유상증자라면, 무상증자는 회사 내부에서 장부상 옮겨지는 것이다. 따라서 무상증자를 하면 자본금은 늘어나지만, 회사의 자본은 그대로다. 자본금이 늘어난 만큼 잉여금이 줄어들기 때문이다.

회사는 무상증자를 하면서 몇 가지 긍정 효과를 기대할 수 있다. 무상증자를 한다는 것은 이익 잉여금이 그만큼 많다는 신호로 해석된다. 그러므로 외부에 회사의 재무 건전성이나 견실함을 공공연하게 과시할 수 있다. 단기적으로 주가를 끌어올리려

회사가 보유한 돈의 구조

는 목적에서 무상증자를 하기도 한다. 발행 주식 수가 너무 적은 신생 기업이 무상증자를 하면 외부에서 보는 인식과 평가가 개선되는 효과가 있으며 신규 투자를 유치하는 데 도움이 된다.

무상증자가 주가를 올리는 데 도움이 되는지에 대해서는 꼭 그렇다고 말하기 어렵다. 무상증자를 하더라도 실질적으로 회사의 가치에는 아무런 변화가 없기 때문이다. 8조각으로 나눴던 케이크를 10조각으로 나눈 것에 비유할 수 있다.

다만 무상증자는 투자자들에게 과거에 벌었던 이 정도의 이익이 필요 없어 자본금으로 전환했다는 신호를 주고, 앞으로도 이익을 더 많이 낼 수 있다는 자신감을 드러내는 효과가 있다. 투자자들이 이 신호를 긍정적으로 받아들여 시장에서 해당 회사의 주식을 추가로 사면 주가 상승에 도움이 된다. 결국 중요한 건 회사의 참된 실적이나 향후의 사업 전망이다.

자본금을 줄이는 이유

회사 자본금을 늘리는 증자가 있다면, 반대로 자본금을 줄이는 '감자capital reduction'도 있다. 회사가 불필요해진 사업을 없애면서 해당 재산을 주주에게 반환하기 위해 감자를 하는 경우도 있지만, 대부분은 손실이 누적돼 자본 잠식이 발생할 때 실시한다. 자본 잠식이란, 회사의 적자가 오래 유지돼 보유 잉여금이 소진되었을 뿐 아니라 처음 설립할 때의 종잣돈인 자본금까지 갉아먹은 상태이다.

예를 들어 자본금 5,000억 원으로 시작한 회사가 자본 잠식으로 자본금이 2,500억 원으로 줄어든 상태라고 하자. 자본 잠식으로 자본금이 절반으로 줄어들었으므로 기존 주주가 갖고 있던 주식 2주를 1주로 줄이는, 50% 감자를 한다. 줄어드는 주식에 대해 직접 보상이 없으므로 무상감자다. 당연히 주주는 반발하고 시장에서는 악재로 분류한다.

그럼에도 회사가 감자를 선택하는 이유는 상장 폐지를 피하기 위해서다. 우리나라에서는 자본금이 50% 이상 잠식되면 관리종목으로 지정되며, 이 상태가 2년 지속되면 상장 폐지 절차를 밟는다. 이를 피하는 한 가지 방법이 감자다.

무상감자를 하면 회사의 장부에 자본금이 2,500억 원으로 기록되어 실제 자본금과 같아진다. 회사의 실제 가치와 장부상의 가치가 일치하게 된다. 적어도 장부상으로는 자본 잠식 상태가 사라지고 재무 건전성이 개선된 것으로 탈바꿈한다. 케이크에서 이물질이 포함된 부분을 잘라내고 작고 깨끗한 케이크로 변신하는 과정이라 할 수 있다.

감자로 재무 구조가 개선되는 효과는 있겠지만 회사의 실적 자체가 개선된 건 아니므로 감자를 했다는 사실만으로 주가 상승을 기대하기는 힘들다. 다만 이를 계기로 부실을 털어내고 회사 가치를 높이는 데 성공한다면 장기적으로 주주에게 이익이 될 수 있다.

경영진의 잘못으로 감자를 하는 것이니 대주주가 책임을 져야 한다는 주장이 자주 제기된다. 경영 실패의 책임을 진다는 취지에서 대주주가 큰 폭으로 감자 비율을 감수하고, 일반 주주는 낮은 비율로 감자를 받아들이는 방식이 '차등 감자'이다. 대주주와 일반 주주가 같은 비율로 감자하면 '균등 감자'라고 한다.

45

채권은 주식보다
안전할까?

'채권'은 정부나 공공기관이 정책을 수행하거나 주식회사가 사업하는 데 필요한 자금을 빌리기 위해 발행하는 유가증권으로 차용증서라고 보면 된다. 채권 발행자는 채권자에게 채권에 명시된 대로 이자를 지급하며 만기가 도래하면 원금을 상환한다.

아무나 채권을 발행할 수 있는 건 아니다. 채권을 발행할 수 있는 자격을 갖춘 기관은 법으로 명시돼 있다. 우리나라에서는 중앙정부, 지방자치단체, 공공기관, 금융기관, 주식회사가 채권을 발행할 수 있다.

채권을 발행하는 기관에 따라 중앙정부가 발행하는 국채, 지방자치단체가 발행하는 지방채, 특별법에 의해 설립된 공공기관

채권의 종류

정의		종류
국가가 공공목적을 달성하려고 발행하는 채권	국채	국고채, 외국환평형기금채권, 재정증권, 국민주택채권(1종, 2종)
지방자치단체가 부족한 재정 수입이나 특수목적에 필요한 자금을 조달하려고 발행하는 채권	지방채	도시철도채권, 지역개발채권, 상수도공채, 도로공채
특별법에 의해 설립된 법인이 발행하는 채권	특수채	한국전력공사채권, 도로공사채권, 가스공사채권, 예금보험기금채권
금융기관이 장기 자금을 조달하려고 발행하는 채권	금융채	통화안정증권, 산업금융채권, 중소기업금융채권, 기타 은행채권
상법상 주식회사가 발행하는 채권	회사채	회사채

이 발행하는 특수채, 금융기관이 발행하는 금융채, 주식회사가 발행하는 회사채로 구분한다. 발행자에 따라 이름만 다를 뿐이지 채권의 기본 특징은 모두 같다.

주식보다 상대적으로 안전한 채권

투자 관점에서 보면 채권은 주식보다 상대적으로 안전하다. 특히 정부나 공공기관, 금융기관이 발행하는 채권은 파산 위험이 거의 없어 원리금 지급이 사실상 보장된다. 대신 기대 수익률은 주식보다 낮아 저위험-저수익 상품이다.

만기가 정해져 있지만, 채권자는 반드시 만기까지 보유하지 않아도 된다. 돈이 필요하면 언제든지 시장에서 채권을 팔 수 있어 유동성도 높은 편이다.

따라서 채권 투자를 통해 수익을 남기는 방법은 두 가지가 있다. 채권을 산 뒤 만기까지 보유하면서 이자를 받는 방법과 중도에 채권 가격이 오르면 팔아서 채권 매매에 따른 시세 차익을 얻는 것이다.

채권이 비교적 안전한 투자 상품이기는 하나 투자 위험이 전혀 없는 건 아니다. 채권에도 몇 가지 위험이 따른다.

첫째, 채무불이행 위험이다. 채권을 발행한 곳이 원금이나 이자를 지급하지 못하는 상태에 빠지는 위험이다. 신용도가 낮은 일부 회사채에 해당한다.

둘째, 가격 위험 또는 시장 위험이다. 돈이 필요해 부득이 채권을 만기일 이전에 매각해야 하는데, 채권 가격이 하락한 상태라면 채권 투자에서 손실을 피할 수 없다. 물론 만기까지 보유하면 이런 위험은 없다.

셋째, 유동성 위험이다. 채권이 시장에서 활발하게 거래돼 유동성이 뛰어나기는 하지만, 특정 채권은 거래가 원활하지 못해 현금화하는 데 어려움이 있을 수 있다.

넷째, 인플레이션 위험이다. 채권 투자에서 실현한 이득보다 물가 상승으로 인한 구매력 저하가 더 크다면, 투자에서 손실을 본 셈이다. 물론 인플레이션 위험은 모든 투자에서 나타나는 위험이다.

채권도 이자를 줄까?

채권 이자를 지급하는 방식에도 여러 가지가 있다.

채권에 이표(이자표)coupon가 붙어 있고 정해진 이자 지급일마다 이표를 떼어 이자를 지급하는 방식이 있다. 이런 식으로 이자를 지급하는 채권을 '이표채'라고 한다. 대부분의 회사채가 이런 방식으로 발행되는데, 보통 3개월마다 이자를 지급한다.

다음으로는 이자를 도중에 지급하지 않고 재투자해서 만기 때 원금과 복리 이자에 해당하는 금액을 한꺼번에 지급하는 채권이 있다. 이것이 '복리채'다.

마지막으로 '할인채'가 있다. 만기 때까지의 전체 이자액을 채권을 발행할 때 액면 금액에서 미리 빼는(할인하는) 채권이다. 이를테면 액면 금액 1억 원짜리 채권을 9천만 원에 할인해 판다. 이자 1천만 원을 미리 지급한 셈이므로 만기가 되면 액면 금액만 돌려준다.

상환 기간이 얼마이냐를 기준으로 채권의 종류를 구분할 수 있다. 만기가 1년 이하인 채권을 단기채, 상환 기간이 1년을 초과하고 5년 이하인 채권을 중기채라 한다. 장기채는 상환 기간이 5년을 초과하는 채권이다.

채권은 언제 사고 언제 팔아야 할까?

만약 채권을 보유하다가 만기 전에 팔아 시세 차익을 실현하려면 시장의 금리 동향을 주시해야 한다. 금리에 따라 채권 가격이 달라지기 때문이다. 금리가 내리면 채권 가격은 오른다. 금리가 오르면 채권 가격은 내린다. 왜 금리와 채권 가격은 반대 방향으로 움직일까?

금리가 내렸다고 가정해보자. 새로 발행되는 채권에 표시되는 금리도 낮아질 것이며, 이 채권에 투자하는 경우 기대 수익률도 당연히 낮아진다. 반면 이미 발행된 채권에 표기된 금리는 높은 상태다. 새로 발행되는 채권보다 높은 수익률을 가져다준다. 당연히 이미 발행된 채권에 대한 수요가 많아지고(인기가 좋아지고) 채권 가격이 오른다.

이번에는 금리가 올랐다고 해 보자. 이미 발행된 채권의 금리는 새로 발행되는 채권의 금리보다 낮다. 이미 발행된 채권의 인기가 나빠지고 채권 가격이 내린다. 이처럼 이미 발행돼 유통 중인 채권의 가격은 금리와 반대 방향으로 움직인다.

이제 채권을 매매해 시세 차익을 남기려면 언제 사고 언제 팔아야 할지 분명해진다. 시장금리가 높을 때(즉 채권 가격이 낮을 때) 사고, 시장금리가 낮아지면(즉 채권 가격이 오르면) 팔면 된다.

중요한 것은 시장금리에 대한 전망이다. 이는 곧 채권 가격에 대한 전망과도 같다. 주식이나 부동산 가격이 오를 것으로 예상하면 사두었다가 오른 후에 팔아 시세 차익을 남기는 원리와 다르지 않다. 금리가 내릴 것으로 예상하면 채권을 사두었다가 실제로 금리가 내리면 채권을 팔아 시세 차익을 얻을 수 있다.

채권은 어디에서 사고팔까?

채권도 주식처럼 장내와 장외 거래 모두 가능하다. 장내 시장은 한국거래소가 마련한 채권 시장을 말한다. 장외 거래는 금융회사 창구에서 이루어진다.

장내 시장에서는 주식과 마찬가지로 일정 요건을 충족해 상장된 채권만 거래할 수 있다. 불특정 다수의 일반 투자자가 참여하며 거래 시간도 주식과 같다. 다만 채권의 경우에는 주식과 달리 당일 결제로 이루어진다. 최근 HTS를 이용해 소액 채권을 사고파는 개인 투자자가 많아지고 있다.

다만 채권은 종목마다 발행 조건이 제각각이어서 표준화하기가 힘들다. 종목이 규격화되어야 주식처럼 불특정 다수를 대상으로 경쟁 매매 원칙에 따라 매매가 이루어질 수 있는데, 채권은 기본적으로 그렇지 못하다. 그래서 채권은 장내보다는 장외 거래의 비중이 높다. 증권사와 증권사, 또는 증권사와 다른 금융회사 등 기관 사이의 대량 매매가 일반적이다.

매매 시간이 정해져 있지 않으며 매매 쌍방이 합의해서 시간에 구애받지 않고 매매할 수 있다. 장외 거래의 경우에도 당일 결제가 원칙이다. 미국 등 선진국에서도 채권은 대부분 장외에서 거래된다.

이런 사유로 개인이 장외 거래로 채권을 직접 사는 건 쉽지 않은 게 현실이다. 채권을 사려는 개인은 증권사를 이용하면 된다. 증권사가 소액으로 쪼개 판매하는 채권을 사는 것이다.

개인이 채권에 투자하는 다른 방법은 채권 펀드에 가입해 간접투자하는 것이다. 금융회사가 대신 채권을 사서 운용한다.

46

직접투자와 간접투자,
어떤 걸 해야 할까?

　자신이 원하는 종목을 직접 선정해 사고파는 게 직접투자 방식이다. 하지만 개인이 좋은 주식이나 채권을 골라 수익을 내는 건 쉽지 않다. 원금을 잃을 위험이 크다. 개인이 상대해야 하는 기관 투자자와 외국인은 자금력, 정보력, 전문 지식, 풍부한 경험 등 시장을 주도할 힘을 가지고 있기 때문이다.

　이에 대한 대안이 간접투자다. 전문 기관에 돈을 맡기고 대신 투자하게 하는 방법이다. 물론 공짜가 아니다. 전문가를 고용하는 대가를 내야 한다. 그래도 수익성이나 안전성을 종합적으로 고려하면 직접투자보다 더 나을 수 있다.

　간접투자도 성공을 보장하지는 못한다. 손해를 보는 간접투자도 많다. 그래서 어느 투자 방법이 좋다고 단정적으로 말하지 못한다. 다만 투자 관련 지식이나 경험이 많지 않고 투자에 투입할 시간이 많지 않을수록 간접투자가 현명한 선택이라고는 말할 수 있다.

간접투자의 대표, 펀드

간접투자의 전형적인 방법으로 펀드 가입이 있다. 펀드는 자산운용사가 만든다. 어디에 어떻게 투자하는 펀드인지를 확인하고 투자자가 돈을 맡기면 자산운용사가 펀드 자금을 활용해 주식, 채권, 부동산, 원자재 등에 투자한다.

자산운용사에서 펀드를 직접 운용하는 사람이 펀드 매니저fund manager다. 펀드를 운용한 결과 수익이 발생하면 투자자에게 투자금에 비례해 돌려준다. 손실이 나면 역시 투자금에 비례해 차감한다. 자산운용사는 펀드를 운용한 대가로 운용 보수(운용 수수료)를 뗀다. 손실이 나더라도 뗀다.

자산운용사는 펀드를 만들되 대개 직접 판매하지 않는다. 고객 확보가 쉬운 은행, 증권회사, 보험사 등의 창구에서 펀드 상품을 판매한다. 이들 금융회사는 펀드 상품을 대신 판매해준 대가로 판매 보수(판매 수수료)를 챙긴다. 판매 수수료 역시 수익 실현 여부와 상관없다.

직접투자와 간접투자의 장단점 비교

직접투자		간접투자
• 목표 수익률이 높고 수익 전체가 자신의 몫이 됨 • 자금 유동성이 뛰어남 • 결과가 좋을 때 만족이 큼 • 투자에 대한 경험치 누적으로 향후 투자 능력이 향상됨 • 거래비용만 들어감	장점	• 전문가의 지식과 능력을 활용함 • 정신적·시간적 투입이 크지 않음 • 적은 돈으로도 분산투자가 가능함 • 장기적으로 은행 금리 이상의 수익이 가능함
• 능력 부족으로 손실 위험이 큼 • 시간과 노력이 많이 필요함 • 정보를 객관적으로 받아들이지 못함 • 분산투자가 어려움	단점	• 운용 보수 등 비용이 발생함 • 분산투자로 높은 수익률을 기대하기 힘듦 • 유동성이 떨어지고 투명성이 불확실함

간접투자는 무리하게 운용하기보다는 시장 평균 정도를 목표로 하는 경우가 많아서 성공한 직접투자보다 수익률이 높지 않은 게 사실이다. 그리고 직접투자처럼 바로바로 사고팔지 못하며 펀드 운용 내역이나 판단 근거를 속속들이 투명하게 파악하기도 힘들다.

직접투자든 간접투자든, 투자에 대한 책임은 본인에게 있다. 펀드 종류를 선택한 책임, 자산운용사를 선택한 책임을 투자자 본인이 져야 한다는 뜻이다.

ETF는 직접투자일까, 간접투자일까?

간접투자와 직접투자를 놓고 고민하는 투자자의 관심을 끄는 상품으로 ETF Exchange Traded Fund가 있다. '거래소에서 exchange 거래되는 traded 펀드 fund'라는 뜻으로 우리말로는 상장지수펀드라고 한다. 간접투자 상품이지만 어느 정도 직접투자 성격을 지닌다. 직접투자와 간접투자의 중간 성격의 펀드라고 보면 된다.

일반 펀드에 가입하려면 은행이나 증권사 등을 통해야 하지만, ETF는 개별 주식처럼 거래소에서 투자자가 직접 살 수 있다. 거래를 편리하게 할 수 있는 방식으로 진화된 펀드라 보면 된다.

간접투자의 대표격인 일반 펀드는 펀드 매니저가 투자할 종목을 직접 선택하지만, ETF는 펀드 매니저가 투자 종목을 일일이 고르지 않는다. 처음부터 투자할 종목을 정해놓고 여기에 맞춰 기계적으로 투자하는 일종의 인덱스 펀드다. 가령 코스피200에 투자하는 ETF라면 유가증권시장에 상장된 상위 200개 종목의 주가지수를 추종한다. 그래서 적은 돈으로 여러 종목에 분산 투자하는 효과를 얻는다는 장점이 있다.

추종한다는 말에 주의할 필요가 있다. 해당 주가지수와 항상 일치하지는 않는다는 뜻이다. 즉 주가지수가 1% 오른다고 ETF 가격도 정확하게 1% 오르지는 않는다. 상당히 비슷하게 비례해서 움직인다는 정도로 받아들이면 된다. ETF는 펀드 매니저가 직접 종목을 고르는 노력이 들어가지 않아 일반 펀드보다 운용 보수가 저렴하며, 투자자가 시장에서 직접 거래하므로 판매 보수가 없다.

분산 투자는 어떻게 해야 할까?

분산 투자를 강조하는 가장 큰 이유는 위험을 분산하는 효과 때문이다. 투자 자금이 많지 않은 개인 투자자는 소수 또는 하나의 종목에 집중 투자하는 경향이 있다. 다행히 매수한 종목의 가격이 오르면 높은 수익률을 얻지만, 반대로 가격이 하락하면 큰 손실을 피할 수 없다.

손실 위험을 줄이는 과학적인 방법이 분산 투자다. 분산 투자를 효과적으로 하려면 제일 먼저 투자 대상을 주식, 채권, 부동산 등 자산 범주별로 구분해서 골고루 투자해야 한다. 자산 포트폴리오를 구성하는 것이다. 가격 변동이 상대적으로 심한 주식 자산과 상대적으로 적은 부동산 자산을 묶어 자산 포트폴리오를 구성한다면, 투자 전체의 위험을 줄이는 데 효과적이다.

다음으로 주식 투자에서도 업종 범주별로 구분해서 분산 투자하는 게 좋다. 경기에 민감하게 반응하는 업종이 있는가 하면 경기와 무관하게 꾸준히 성장하는 업종이 있다. 경기와 순응하는 업종과 역행하는 업종이 있다. 이들 업종에 골고루 투자하면 위험을 분산할 수 있다.

마지막으로 같은 업종이라도 여러 기업에 분산 투자하는 방법도 바람직하다. 기업별로 실적, 사업 전망, 부채 비율, 경영 전략이 다르므로 여러 기업을 묶어 투자하면 위험을 분산할 수 있다.

분산 투자에서 조심할 게 하나 있다. 단순히 여러 자산 범주, 여러 업종, 여러 기업을 편입한다고 분산 투자가 완성되지는 않는다. 자신의 포트폴리오 속에 있는 자산이나 주식의 상관관계가 매우 높다면 무늬는 분산 투자지만 사실상 한 곳에 '올인'한 셈이며 위험을 분산하는 효과를 기대할 수 없다.

상관관계가 낮거나 상관관계가 마이너스인 것들을 조합해 포트폴리오를 짜는 게 분산 투자의 기본 원리다. 그래야 전체 투자 위험이 줄어든다.

EconSense

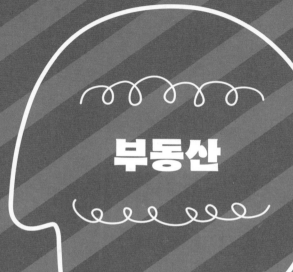

부동산

6장

47

집은
왜 중요할까?

초등학교 때부터 배우는 것이 있다. 사람이 살아가는 데 꼭 필요한 세 가지는 '의식주'라고. 그렇다. 아무리 세상이 바뀐다 해도, 누가 뭐라 해도 편안히 잠을 자며 자유롭게 휴식을 취할 수 있는 집은 우리에게 필수적인 재화, 즉 필수재다.

동시에 집은 경제재이기도 하다. 경제적 가치가 있으면서 매매 등 경제 행위의 대상이 된다. 옷과 음식도 경제재지만, 의식주 가운데 집은 경제재 가운데서도 남다른 차별성을 지닌다.

우선 매우 비싼 내구재다. 집은 대개 수십 년 이상의 수명을 지닌다. 먹으면 없어지는 음식과 다르며, 한 번만 입고 버려도 심각한 경제적 타격을 입지 않는 옷과도 다르다. 집값은 단일 재화로는 가장 비싸다. 실수로 잘못 구매하거나 구매 후 변심한다고 해서 쉽게 버리거나 되팔 수 있는 재화가 아니다.

집은 중요한 투자재이기도 하다. 집을 투자(또는 투기)의 대상으로 보면 안 된다고 아무리 설득해도 소용없다. 집값이 오르면 재산이 늘어나고 생활이 여유로워지는 것이 현실인데, 집을 사면서 투자 가치도 고려하지 않는 사람은 극히 드물다.

집은 노후 대비까지 해준다. 집을 담보로 주택 연금을 받아 노후 생활 자금을 안정적으로 마련할 수도 있기 때문이다. 그러고도 남는 가치가 있으면 자식에게 물려줄 수도 있다.

이런 사실들을 종합하면, 우리나라에서 집은 마치 만병통치약 같다.

집은 왜 비쌀까?

집은 생애주기에 걸쳐 발생하는 여러 핵심적인 경제 문제를 모두 해결해주는 전가의 보도이기도 하다. 우리가 집에 관심을 두어야 할 이유가 여기에 있다. 문제는 집값이다. 워낙 비싸서 웬만해서는 집을 사기는커녕 전셋집도 마련하기 힘들다.

집값이 비싼 가장 큰 이유는 집을 지을 수 있는 땅이 매우 희소하다는 데 있다. 농사도 지어야 하고 공장부지로도 필요하다. 푸르른 녹지와 공원도 땅이 있어야 한다. 이처럼 땅으로 하고 싶은 욕구가 넘쳐나니 땅의 희소성은 갈수록 커진다. 집값이 비싼 게 아니라 실은 땅값이 비싼 것이다.

집을 지을 수 있는 대지의 공급을 늘리면 문제 해결에 도움이 되겠지만, 세상에 공짜란 없다. 대지를 늘리려면 그 대신 산림이나 녹지, 공장부지를 줄여야 한다.

주어진 땅에 집을 더 많이 짓는 방법이 그나마 현실적이다. 그래서 아파트가 탄생했다. 아파트도 점점 더 높고 더 촘촘하게 지어 집의 공급량을 늘리면 역시 집값을 낮추는 데 도움이 되겠지만, 이번에는 삶의 질 저하라는 대가를 치러야 한다. 그래서 정부는 주어진 땅에 지을 수 있는 집의 수나 면적을 철저하게 규제하고 있다.

아파트를 더 높고 촘촘하게 지으면 안 되나?

집을 짓기 위해 확보한 땅의 넓이가 대지 면적이다. 대지 면적 가운데 집이라는 건축물의 건축 면적(건물 외벽이나 기둥 중심선으로 둘러싸인 부분의 수평 투영 면적)이 차지하는 비율이 건폐율이다. 간단히 말하자면 대지 면적 대비 1층의 면적이다.

가령 대지 면적이 100m²인 땅에 건축 면적이 40m²라면 건폐율은 40%이다. 상업 지역은 정부가 건폐율을 높게 허용하고 있어 주어진 땅에 더 넓은 건물을 지을 수 있다.

건축물과 건축 비율의 예시

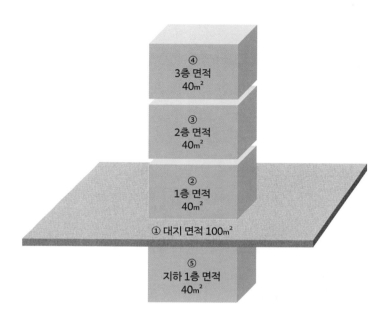

용어	설명	계산식
대지 면적	토지의 수평 투영 면적	①=100m²
건축 면적	건축물 외벽 중심선으로 둘러싸인 부분의 수평 투영 면적	②=40m²
건폐율	대지 면적 대비 건축 면적의 비율	②/①×100=40%
연면적	건축물의 바닥 면적 합계 (지상, 지하, 주차장 포함)	②+③+④+⑤=160m²
용적률	대지 면적 대비 건축물의 지상층 연면적 비율 (지하층은 제외)	(②+③+④) /①×100=120%

한 층의 건축 면적도 중요하지만, 건축물을 몇 층으로 짓느냐도 중요하다. 건축물의 각 층의 바닥 면적을 모두 합한 것이 연면적이다. 층이 높을수록 연면적이 커진다. 지하층은 제외하고 지상층만의 연면적을 대지 면적으로 나눈 비율이 용적률이다. 만약 대지 면적이 100m², 바닥 면적이 40m²일 때 정부가 허용하는 용적률이 200%라면 건축물을 최대 지상 5층까지 지을 수 있다.

결국 대지 면적, 건폐율, 용적률은 건축물(아파트)의 높이, 쾌적성, 주거 생활의 질을 결정하는 핵심 요소이다. 이는 해당 아파트의 현재 가치뿐 아니라 미래 가치와 투자 수익성까지 좌우하므로 구매 의사결정을 하기 전에 반드시 확인해야 한다.

집값은 계속 오를까?

앞으로 집값은 어떻게 될까? 집값 향방에 대한 궁금증을 한번이라도 가져보지 않은 사람은 거의 없을 것이다. 친구에게, 경제학이나 부동산학을 전공하는 전문가에게, 부동산 중개업자에게 같은 질문을 던지지만 속 시원한 답변을 듣기 어렵다. 사실 누가 자신 있게 미래의 집값을 예측할 수 있을까? 이 책에서도 집값의 방향을 제시할 자신은 없다. 대신 집값이 하락하기를 바라는 사람이 얼마나 될지를 생각해보고 싶다. 누가 집값이 떨어지기를 바랄까?

집값이 떨어지기를 바라는 사람은 생각보다 많지 않다. 곧 집을 살 계획이 있는 무주택자 정도가 집값 하락을 원한다. 하지만 이 사람 역시 집을 사자마자 바로 집값이 오르기를 바란다. 같은 무주택자라도 부모와 함께 거주하고 있거나 부모의 집을 상속받을 것으로 기대하는 사람 역시 특별히 집값 하락을 바라지 않는다.

자기 소유의 집에 거주하는 실소유주이자 1주택 보유자는 어떤가. 이들에게는 집값이 오르거나 떨어지거나 이론적으로는 큰 의미가 없다. 어차피 지금 집에서 계속 살 생각이니까. 자기 집값이 오르는 만큼 다른 집값도 올라 상대적으로 더 나아질 것도 없다.

이론적으로 그렇다 하더라도 1주택 보유자 역시 집값 하락을 바라지 않는다. 자신이 소유한 물건의 가치가 하락하는 데 기분 좋거나 마음이 편할 사람은 없다. 이왕이면 오르는 게 기분이라도 좋다. 비합리적일지라도 그게 보통 사람의 마음이다. 따지고 보면 재산 가치가 늘어나니 비합리적이라고 말하기도 힘들다. 두 채 이상을 소유한 사람은 당연히 투자 수익이 중요하니 집값이 오르기를 바란다.

이처럼 집값에 대해서는 상승을 원하는 기대 심리가, 아니 적어도 집값이 떨어지는 걸 원치 않는 기대 심리가 보편적으로 깔려 있다. 상황이 이렇다 보니 집값 상승을 촉발할 수 있는 약간의 요인만 나타나도 기다렸다는 듯이 집값이 오르기 시작한다. 일단 오르기 시작한 집값은 마치 마른 장작에 불붙듯이 걷잡을 수 없이 오른다. 정부가 이런저런 대책을 내놓아도 별로 효과가 없으며 오를 만큼 오르기 전까지는 좀처럼 집값이 잡히지 않는다.

모든 지역과 모든 집의 값이 오를까?

장기적으로 집값이 하락할 것이라고 주장하는 사람들의 근거에도 설득력은 있다. 인구 증가율이 낮아지는 정도가 아니라 인구 감소까지 우려되는 정도니 장기적으로 집에 대한 수요가 감소할 것이라는 논리다. 우리나라 주택 보급률(주택 수를 가수 수로 나눈 비율)이 100%를 넘어선 지 오래니 단순 숫자로는 주택 공급이 이미 부족하지 않다는 뜻이며, 앞으로 남아도는 집이 늘어날 것이라는 논리도 따른다. 단순히 수요와 공급이라는 총량 수치를 놓고 보면 맞는 얘기다. 그런데 사람들의 욕구를 들여다보면 얘기가 달라질 수 있다.

사람은 끊임없이 더 좋고 더 편리한 것을 추구한다. 지금 사는 곳보다 더 나은 지역, 지금보다 더 쾌적하고 편의시설이 잘 구비된 집을 선호한다. 현재 우리나라에 공급된 집 가운데 이런 기준을 충족하는 비율이 얼마나 될까? 노후되고 열악한 환경에 있는 집이 훨씬 많다. 자연재해에 취약해 걸핏하면 침수되고 수도에서 녹물이 섞여 나오며 볕이 들지 않는 집까지 통계에 넣어 따지면 안 된다.

선호도가 높은 지역과 편의시설이 잘 갖추어진 새집에 대한 수요는 지속적으로 발생할 것이라는 말이다. 이런 양질의 집 공급이 수요를 따라가지 못하면 집값은 오른다.

집값의 방향을 고민할 때 전국적인 수치로 접근하면 안 된다. 내가 살고 싶거나 살 계획이 있는 지역이나 아파트 단지로 시야를 좁혀야 한다. 누구나 선호하는 지역, 누구나 좋아하는 집은 언제나 희소하고 초과 수요가 존재한다. 전체 집에 대한 수요는 줄더라도 좋은 지역과 집에 대한 수요는 요지부동이다. 소득 수준이 높아지고 풍요로운 세상이 될수록 이런 현상은 심해질 것이다.

48

부동산 투자는 왜
어려울까?

투자재인 부동산은 다른 투자 상품에 비해 비교적 안정적인 편이다. 주식이나 가상자산 같은 투자 상품은 하루아침에 모든 돈을 잃거나 큰 폭의 손실을 볼 위험이 있다. 하지만 부동산은 그렇지 않다. 멀쩡하게 있는 집이 물거품처럼 사라지는 않는다. 부동산 경기가 침체에 놓이더라도 집값이 반토막 나는 일은 별로 없다. 다소의 조정이 있을 뿐이다.

부동산 투자가 어려운 이유

부동산 투자에는 상당히 많은 돈이 필요하다. 이 또한 비교적 적은 돈으로도 투자할 수 있는 다른 투자 상품과 차별화되는 점이다. 집은 잘게 쪼개 구매할 수 없다. 보통은 몇억 원의 돈이 있어야 한다. 이 정도의 돈이 있는 사람은 많지 않아 대개 돈을 빌려 투자한다.

돈을 빌리면 이자 부담이 만만치 않으므로 금리 흐름에 신경 써야 한다. 대출 규모도 상당하므로 금리가 조금이라도 상승하면 수익은커녕 손실로 이어지고 자칫 생활비와 보유 재산까지 위협받는다. 금리 변화를 정확하게 예측할 수 있는 사람은 없으므로 부동산 투자 역시 불확실하다.

여기에 정책적 불확실성도 존재한다. 집은 온 국민의 관심사라 정부가 늘 예의주시하는 대상이다. 집값이 불안정하게 오르는 기미가 보이면, 정부는 서둘러 부동산 보유세나 거래세의 세율을 조정하는 등 온갖 대책을 내놓는다. 부동산 투자를 위해서는 고려해야 할 변수가 그만큼 많다는 말이다. 남들이 부동산으로 돈을 벌었다고 무작정 동참해서는 안 되는 이유가 여기에 있다. 부동산 관련 지식과 경험을 축적하고 충분한 안목이 생기기 전까지는 섣부르게 투자하면 안 된다.

부동산 불패 신화가 지배하고 부동산으로 돈을 번 사람이 많다고 해도 모든 사람이 늘 부동산으로 돈을 번 건 절대 아니다. 부동산 시장에도 상상외로 많은 불확실성이 숨어 있다. 그러니 특히 단기 투자로 접근해서는 안 된다. 최소 10년 이상을 바라보는 장기 관점에서 부동산을 바라볼 필요가 있다.

매매계약서 작성 시 주의할 점은?

투자 목적이든 실거주 목적이든 집을 사려면 부동산 중개업소에서 매매계약서를 작성해야 한다. 매매계약서를 잘못 작성해 곤란한 일을 당하지 않도록 주요 항목을 알아둘 필요가 있다. 그리고 최종적으로 도장을 찍기 전에 몇 가지 내용을 반드시 확인해야 한다.

매매계약서는 표준화되어 있어 어디를 가더라도 양식이 같다. 계약서 제일 위에는 거래하는 부동산에 대한 정보가 기재되어 있다. 집 주소, 동호수, 구조, 면적 등이다.

그 아래에는 계약 내용이 있다. 매매대금, 계약금, 중도금, 잔금과 지급일을 명시한다. 지급일을 정할 때는 자금을 확실하고 안전하게 확보할 수 있도록 여유 있게 잡는 게 좋다.

다음으로 돈 이외의 계약 내용이 작은 글씨로 적힌 부분이 있다. 집을 판 사람이 산 사람에게 집을 넘기는 날짜, 계약을 해지하는 방법, 중개수수료 등에 관한 내용이 들어 있다.

그다음에는 특약사항이 있다. 특별히 추가하고 싶은 내용이 있으면 기재하는 곳인데, 나에게 불리한 내용이나 원래 약속했던 것과 다른 내용이 있는지 확인해야 한다.

계약서의 맨 아랫부분은 계약일, 집을 판 사람과 산 사람과 공인중개사의 주소, 연락처, 주민등록번호 등을 기재하는 곳이다. 계약서에 기재된 집주인의 이름이 주민등록증, 등기부등본(등기사항전부증명서)의 이름과 일치하는지 반드시 확인한다.

마지막으로 매매계약서에 간인을 찍는다. 계약서의 위조를 방지하기 위해서다. 매수자가 소지하는 계약서와 매도자가 소지하는 계약서 사이에 걸쳐서 도장을 찍어놓으면, 나중에 나쁜 마음을 먹고 계약서를 위조하더라도 소용없게 만들 수 있다.

부동산도 간접투자를 할 수 있을까?

돈이 많지 않은 사람에게 부동산 투자는 남의 일처럼 느껴지고 막연하게 다가온다. 이런 사람들을 위해 부동산에도 간접투자 방식이 만들어졌다. 소액으로도 부동산에 투자할 길이 열린 것이다. 주식의 직접투자에 자신 없는 사람이 펀드에 가입하는 등 간접투자를 하는 것과 같다. 부동산 간접투자 방식에는 크게 부동산 펀드와 리츠가 있다.

부동산 펀드는 부동산에 투자하는 것을 목적으로 만들어진 펀드다. 펀드에 모인 돈으로 주로 오피스텔이나 빌딩 등을 매입한 후 임대료 수익을 얻어 투자자에게 돌려준다. 직접 부동산을 개발해 분양하기도 하고, 아파트나 상가를 개발하는 회사에 자금을 빌려주고 이자를 받는 등 부동산과 관련해 다양한 기법으로 수익을 추구한다.

리츠REITs: Real Estate Investment Trusts는 우리말로 부동산투자신탁인데, 신탁이란 투자를 믿고 맡긴다는 뜻이다. 따라서 리츠는 부동산 투자를 위해 돈을 믿고 맡기는 것이다.

이렇게만 보면 부동산 펀드나 리츠나 크게 다른 점이 없는 것 같다. 그렇다. 둘 다 개인이 소액으로 부동산에 간접투자하고 수익을 얻는 금융 상품이라는 점에서는 같다. 그렇지만 둘 사이에는 차이가 있다. 이름이 다른 이유가 있다. 어떤 차이일까?

투자자 입장에서 볼 때 표면적으로 투자하는 대상이 다르다. 리츠는 주식을 발행해 자금을 모집하고 그 자금을 부동산에 투자해 이익을 돌려주는 회사다. 따라서 리츠 투자는 부동산 투자 회사의 지분, 즉 주식을 매입하는 행위다. 주식시장에서 주식을 거래하는 것이다. 반면 부동산 펀드는 투자자들이 하나의 조합을 이뤄 부동산 실물 자산을 직접 매입하는 형태의 투자다.

그러다 보니 둘 사이에는 유동성에서 큰 차이가 있다. 리츠는 주식시장에 상장돼 있으므로 일반 주식처럼 원하는 시점에 언제든지 매매가 가능하다. 비교적 환금성이 좋고, 주가가 오르면 관련 수익과 배당까지도 받을 수 있다.

반면 부동산 펀드는 부동산을 편입해 매각하는 시점까지 기간이 오래 소요되고 도중에 환매가 아예 불가능하거나 가능하더

부동산 펀드와 리츠 비교

부동산 펀드		리츠
자본시장법	근거 법령	부동산투자회사법
금융위원회	주무 부처	국토교통부
수익증권(펀드)	법적 형태	주식
수익자	투자자 지위	주주
제한 없음	개발 사업	주주총회 특별 결의
매우 낮음	환금성	매우 높음
거의 없음	분산투자 효과	가능

라도 환매 수수료가 매우 비싸다. 대개 3~5년 정도의 만기 상품으로 사실상 이 기간에는 돈이 묶이는 셈이다.

리스크 관리 측면에서도 차이가 있다. 부동산 펀드는 하나의 부동산에 투자하는 데 반해, 리츠는 여러 자산에 투자할 수 있어서 분산 투자 효과를 누릴 수 있다. 리츠의 주무 부처는 국토교통부지만, 부동산 펀드는 금융위원회라는 점에서도 차이가 있다.

49

전세 보증금은
어떻게 지켜야 할까?

　전세 계약 기간이 만료됐어도 임대인이 전세 보증금을 반환하지 못하는 경우가 있다. 전세가율(매매가 대비 전세 보증금 비율)이 높은 지역이나 전세 수요보다 전세 공급이 많은 지역에서 신규 세입자를 미처 구하지 못할 때 종종 발생한다. 전세가율이 높다는 말은 전세 보증금과 매매가의 차이인 갭gap이 작다는 뜻으로, 전세가율이 지나치게 높으면 세입자가 전세 보증금을 돌려받기 어려운 이른바 깡통전세가 될 가능성이 크다.

$$전세가율 = \frac{전세\ 보증금}{매매가} \times 100$$

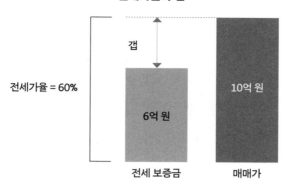

전세가율과 갭

전세가율 = 60%

갭

6억 원

10억 원

전세 보증금

매매가

가령 10억 원짜리 집에 전세 보증금이 8억 원이라면 전세가율이 80%이며 집주인은 2억 원만 내고 집을 보유할 수 있다. 집주인에게 여유 현금이 충분히 있다면 관계없지만, 대개는 그렇지 못하다. 전세 시세가 6억 원으로 하락한다면 집주인이 전세 보증금을 돌려주기 위해서 2억 원을 추가로 마련해야 하는데 이를 마련하지 못하는 경우가 있다. 전세가율이 높을수록 이런 사태가 발생할 가능성도 커지므로, 전세가율이 주변에 비해 높은 주택은 애초에 계약에 신중해야 한다.

주택 임대차 계약 신고란?

소중한 전세 보증금을 안전하게 지켜주는 몇 가지 제도가 있다. 제일 기본적인 게 확정일자 제도다. 전셋집에 입주한 날 '바로' 주민센터에서 전입신고를 하고 동시에 확정일자도 받아야 한다.

전입신고는 "내가 이 집에 새로 들어왔어요"라고 신고하는 것이고, 확정일자는 "이 집에 언제부터 들어왔으니 문제가 생기면 증인이 되어주세요"라고 법원에 등록하는 것이다.

세입자는 전입신고와 확정일자를 받아야 '대항력'과 '우선변제권'이라는 강력한 무기를 장착할 수 있다.

대항력이란 집주인이 집을 팔더라도 계약 기간에는 해당 집에 거주할 수 있다고 주장하는 힘이다. 계약 만료 후에 집주인이 전세 보증금을 돌려주지 않으면 그 집을 나가지 않아도 될 권리이기도 하다.

우선변제권은 집이 경매로 넘어가는 경우 경매 대금에서 전세 보증금을 우선적으로 변제받을 수 있는 권리다. 다른 채권자들보다 앞서 전세 보증금을 돌려받을 수 있다.

전입신고와 확정일자를 받는 절차는 매우 간단하다. 전·월세 계약서를 가지고 주민센터 담당 공무원에게 제출하면서 확정일자를 요청하면 된다. 만약 직장 등 사정이 있어 주민센터를 방문하기 힘들다면 대한민국 법원 인터넷등기소 홈페이지에서도 확정일자를 받을 수 있다.

확정일자를 받아 전세금을 보호받으려면 반드시 해당 주택에

전세 사기 피해를 예방하는 점검 목록

☐ **공인중개사 사무소의 정상 등록 여부 확인**

☐ **임대물건의 시세 및 해당 건물의 전월세 비율 확인**
   - 시세 대비 적정 비율의 전세 보증금, 담보권 설정 등
   (국토교통부 실거래가 공개시스템)
   - 전세보증금 반환보증 가능 대상인지 사전 조회

☐ **임대물건의 등기부등본, 건축물대장, 납세증명서 등 확인**
   등기부등본: 갑구 '소유자', 을구 '근저당권', '선순위 권리관계'
   건축물대장: 정확한 소재지, 소유자, 면적 정보 '위반건축물' 여부
   납세증명서: 국세, 지방세 체납 여부 등
   전입세대열람내역서: 선순위 임차인, 이중계약, 계약 현황, 보증금

☐ **소유자 신분증 등 서류 진위 여부 확인**

☐ **대리인이 위임장을 가지고 계약하러 올 경우**
   소유자의 인감증명서(부동산 임대차 계약용) 첨부 여부
   직접 소유자와 영상통화하여 소유자 신분증과 얼굴 대조

☐ **계약 당일 계약서에 확정일자 부여받고 전입 신고**

☐ **주택 전월세 신고(계약일로부터 30일 이내 임대차 계약 당사자)**

☐ **임대(전세)보증금 보증 가입**
   - 등록임대사업자의 경우, 신규 등록 주택은 보증가입 의무
   - 기존 주택은 2021년 8월 18일부터 임대차계약 체결하는 경우 의무 가입

☐ **임대차 분쟁 발생 경우**
   - 주택임대차3법 관련 상담 가능
   - 주택임대차분쟁조정위원회에서 임대차 분쟁 신속 해결
   - 대한법률구조공단 상담 132
   - 한국부동산원 임대차상담센터 1644-5599
   - 주택임대차분쟁조정위원회 www.hldcc.or.kr

출처 : 대검찰청

실제로 거주해야 한다. 전입신고만 하고 실제 거주는 다른 곳에서 한다거나 실제 거주를 하면서 전입신고를 하지 않으면 문제가 생겨도 보호받지 못한다. 전세를 새로 구해 다른 집으로 이사하면 새 동네의 주민센터에서 전입신고하고 확정일자를 받는다. 그러면 이전에 한 전입신고와 확정일자는 자동으로 사라진다.

2021년부터 주택 임대차 계약 신고제가 실시되고 있다. 임대차 계약 체결일로부터 30일 이내에 계약 당사자가 임대 기간, 임대료 등 주요 계약 내용을 신고하도록 의무화된 것이다. 임대인과 임차인의 날인이 들어간 계약서만 준비하면 되며, 계약 당사자 가운데 한 명이 주민센터 또는 부동산거래관리시스템을 통해 온라인으로 신고 가능하다.

주택 임대차 계약을 신고하면 확정일자까지 한 번에 부여되어서 편리하다. 전입신고를 하면서 임대차 계약서를 첨부하면 이 신고를 한 것으로 간주한다. 따라서 앞서 말한 전입신고와 확정일자 절차와 사실상 같다고 볼 수 있는데, 정부가 굳이 이 제도를 도입한 목적은 전월세 거래 관련 데이터를 확보하고 임대차 시장을 투명하게 만들기 위함이다.

전세권 설정이란?

전세권을 설정하는 방법도 있다. 전세권설정 등기라고 하는데 등기소에 가서 세를 얻은 집의 등기부등본(등기사항전부증명서)에 자신이 전세를 사는 세입자라는 사실을 기록하는 것이다. 그 집에 세입자가 살고 있음을 만천하에 공표하는 셈이다.

전세권설정 등기를 하려면 집주인의 동의가 필요하며 비용이 꽤 든다는 문제가 있다. 대신 전입신고나 실제 거주 여부와 관계없이 전세금을 보증받을 수 있다. 그러므로 주된 거주지는 따로 있고 가끔 해당 집에 들어가는 세입자라면 전세권설정 등기를 해야 한다.

전세보증금 반환을 보장하는 보험

마지막으로 보험에 가입하는 방법도 있다. 전세 사기나 전세보증금 미반환 등을 보호받는 보험이다.

아파트, 다세대주택, 단독주택, 다가구주택, 주거용 오피스텔에 거주할 경우 보험 가입이 가능하며 집주인의 동의는 필요하지 않다. 임대인이 전세 보증금을 반환하지 않는 경우 보험을 통해 이를 지급받는다. 현재 세 곳에서 전세보증금 반환보증 관련 보험을 판매하고 있다.

첫째, 주택도시보증공사HUG의 전세보증금반환보증보험이 있다. 전세 기간이 1/2 이상 남아 있으면 가입할 수 있지만, 전세보증금이 수도권은 7억 원 이하, 수도권 이외 지역은 5억 원 이하여야 한다.

둘째, SGI서울보증에는 전세금보장신용보험이 있다. HUG 보험 상품보다 보증 신청 가능 기간이 짧고 수수료도 비싸지만, 아파트의 경우 전세 보증금 가입 한도에 제한이 없다는 것이 장점이다.

셋째, 한국주택금융공사HF의 전세지킴보증도 있다. 대체로 HUG의 보험 상품과 비슷한 조건이며 한국주택금융공사의 전세 대출 상품 이용자만 가입할 수 있다.

새로운 전세 계약을 체결해 임차 기간이 다시 시작되면 신규로 보험에 가입해야 한다. 임대인만 바뀐 상태에서 전 계약과 동일하게 전세 계약이 유지되는 경우에는 보험증서만 변경해 새로 발급받으면 된다.

전세 보증금은 정말 안전한 걸까?

세입자는 월세보다 전세를 선호하는 경향이 있다. 다달이 월세를 내야 하는 심적 부담에서 자유롭기 때문이다. 집주인에게 준 전세 보증금은 계약 종료 때까지 그대로 유지되어 전액 돌려받을 수 있으니 손해 볼 게 없다고 생각하기도 한다.

주변 집값이 오르지 않고 물가도 그대로라면 이 생각에는 문제가 없다. 그렇지만 주변 집값이나 전세가가 오른다면 전세 보증금은 그대로 있는 게 아니다. 만약 주변 전세가가 오른다면 옛

집에서 돌려받은 전세 보증금으로는 같은 크기의 집에 전세로 들어갈 수 없다. 매매가는 더욱 오른 탓에 집을 사기 위해 보태야 할 돈이 훨씬 많이 필요해진다.

집값이나 전세가가 오르는 상황에서는 전세 보증금은 그대로 보전되지 않는다. 실질적으로 가치가 하락하고 손해를 보는 것이다. 실질 자산이 줄어든다는 뜻이다. 전세살이를 벗어나기 힘든 이유가 여기에 있다.

50

전세와 월세,
어느 쪽이 유리할까?

옛날에는 전세가 주를 이루었지만, 다달이 수입이 생기는 월세를 선호하는 집주인이 많아지면서 월세 비중이 느는 추세다. 거액의 전세 보증금을 마련할 도리가 없는 사람이라면 선택의 여지 없이 월세로 살아야겠지만, 선택이 가능한 사람은 전세와 월세 가운데 뭐가 더 나은지 고민에 빠진다.

집주인이 요구하는 월세 조건, 대출금리, 보유 자금, 향후 집값 향방 등에 따라 저마다 유리한 쪽이 있으니 한마디로 단언하지 못한다.

전월세 전환율과 대출금리 비교

전세금이 1억 원인 집과 월세 보증금으로 2천만 원을 받고 나머지 8천만 원 부분을 월세로 내야 하는 집을 사례로 들어 전세와 월세를 비교해 보자.

만약 집주인이 월세로 40만 원을 요구한다면 1년 동안의 월세 부담은 480만 원이고 이는 8천만 원의 6%에 해당한다.

> 월 40만 원 × 12개월 / 8천만 원 × 100 = 연 6%

만약 전세자금을 대출받기 위해 연 6%가 넘는 대출금리를 부담해야 한다면, 군이 대출받아 은행에 이자를 내느니 집주인에게 6%에 해당하는 월세를 내는 편이 유리하다.

하지만 대출금리가 연 6%를 넘지 않는 사람이라면, 가령 신용점수가 높아 연 5% 정도로 전세자금을 대출받을 수 있는 사람이라면, 8천만 원을 대출받아 전세를 사는 편이 유리하다. 매달 부담해야 하는 은행 대출 이자가 약 33만 원이기 때문이다.

이 사례에서 전월세 전환율과 대출금리의 비교가 핵심임을 알 수 있다. 전월세 전환율이란 전세를 월세로 돌릴 때 적용하는 월세 비율이다. 가령 전월세 전환율이 3.0%라면 집주인이 2억 원짜리 전세를 월세로 돌릴 때 연간 600만 원(=2억×3.0%)을 세입자로부터 받을 수 있다.

만약 전월세 전환율이 자신의 전세자금 대출금리보다 낮다면 월세가 전세보다 유리하다. 대출금리가 높거나 오르는 상황이라면 전세자금을 대출하는 것보다 월세로 사는 게 이득이다. 신용등급이 낮아 대출금리가 높은 사람 역시 월세가 유리하다.

전세와 월세의 중간 형태인 반전세도 있다. 전세 보증금의 일부를 보증금으로 책정하고 나머지 보증금에 해당하는 부분을 월세로 내는 방식이다. 시중금리가 낮을 때 목돈보다는 안정적인 월세 수입을 선호하는 집주인이 선택하는 방식이다. 임차인도 보증금을 돌려받지 못할 위험을 다소 줄일 수 있으며 상당한 규모의 전세 보증금 전액을 모두 확보하지 않아도 된다는 이점이 있다.

전세와 월세의 장단점 비교

전세	월세
상당한 금액의 목돈 마련이 필요함	필요한 목돈 규모가 작음
계약 만료 시 보증금 전액을 돌려받음	계약 만료 시 돌려받는 보증금이 적음
관리비 외에 추가로 들어가는 돈이 없음	보증금 외에 추가로 월세를 내야 함
목돈이 계약 기간에 묶여 투자 기회를 상실함	목돈 마련의 경제적 부담이 적으며, 남는 목돈으로 다른 곳에 투자할 기회가 있음
전세 사기 불안감이 있으며 집값이 오르면 보증금이 늘어남	중개수수료 부담이 적지만, 매달 고정 지출이 발생함

월세로 하는 절세는?

인기 유명 연예인들이 월세살이를 하고 있다는 건 새삼 놀랄 일이 아니다. 이들에게 집을 살 돈이 없어서가 아니다. 고가의 집을 살 능력이 있음에도 재산세 등 세금을 내느니 월세를 내고 사는 편을 선택한 것이다. 개인 사정으로 집을 자주 옮겨 다녀야 하는 사람도 월세를 선호한다. 재산이 많은 일부 자산가, 투자자, 기업 임원 중에도 비슷한 이유로 월세를 선택하는 사람이 많다. 집에 목돈을 묶어두느니 다른 곳에 투자해 수익을 얻는다.

이런 부류의 사람들도 있지만, 현실에서 월세로 사는 대부분은 목돈이 없는 서민이다. 월세를 내야 하는 세입자가 느끼는 경제적·심리적 부담은 경험해 보지 않은 사람은 모른다.

이러한 세입자의 경제 부담을 조금이나마 덜어주려고 정부가 세액 공제 제도를 도입했다. 집주인에게 낸 월세 금액의 일부를 세금에서 공제해 주는 제도다. 다만 모든 세입자가 혜택을 누리지는 못한다. 연 소득이 7천만 원 이하이고 근로소득이 있는 무주택 세대주나 배우자여야 한다.

주택 규모에도 제한이 있다. 전용 면적 85m² 이하 또는 기준 시가 3억 원 이하인 주택(아파트, 단독주택, 다세대주택, 다가구주택, 오피스텔, 고시원)이 세액 공제 대상이다. 집주인의 동의가 필요 없으며 월세 임대차계약서와 월세 납입증명서만 있으면 된다.

월세로 낸 금액 전체를 세액 공제받는 건 아니다. 총급여액 5,500만 원 이하인 근로자나 종합소득금액 4천만 원 이하인 성실 사업자라면 공제 대상 월세액의 12%를 세액에서 공제받는다. 단, 연간 최대 750만 원까지만 공제된다. 총급여액 5,500만 원 초과 7천만 원 이하는 월세액의 10%를 공제받는다. 가령 월세가 50만 원이고 공제율이 10%라면 연간 월세액 600만 원의 10%인 60만 원을 세액에서 공제받는다.

내 집 마련은
어떻게 해야 할까?

내 집이 있는 것과 없는 것에는 크나큰 차이가 있다. 아무리 보잘것없어도 내 집이 있으면 심리적으로 편안해지고 생활도 안정된다. 결혼하고 자녀까지 있는데, 전세 계약 기간이 종료될 때마다 타의에 의해 집을 옮겨야 한다면 안정된 가정생활을 유지하기 힘들다.

내 집을 마련하는 방법에는 뭐가 있을까?

내 집을 구매하는 가장 흔한 방법은 중고 매매다. 다른 사람이 보유한 집을 구매하는 것이다. 투자하기 가장 편하고 가격 변동

기록이 누적되어 있다는 게 장점이다.

다음으로 새로 지은 집을 분양받는 방법이 있다. 아파트, 상가, 땅을 나누어 파는 것을 분양이라 하는데, 새로 짓는 아파트를 분양 신청한 후 구매하는 것이다. 팔리지 않고 남은 부동산은 미분양이 된다.

미분양 아파트라면 새 아파트가 다 지어진 후에도 구매할 수 있지만, 일반적으로 새 아파트는 짓는 도중에 청약 신청을 해야 한다. 새 아파트를 사고 싶으니 자신에게 분양해달라고 하는 게 청약 신청이다. 아파트 분양과 관련된 정보와 청약은 청약홈 사이트를 방문하면 된다.

경매로 집을 사는 방법도 있다. 이런저런 사유로 경매에 나온 집을 구매하는 방법이다. 시세보다 싸게 집을 살 수 있다는 장점이 있지만, 부동산 가격이 하락하는 시기에는 경매 이점이 크지 않다.

재건축이나 재개발하는 집의 입주권을 구매하는 방법도 있다. 입주권은 재개발이나 재건축 조합원에게 부여하는 권리로, 기존의 집을 잃은 조합원이 그 보상으로 새집에 입주할 수 있는 권리를 말한다. 재건축이나 재개발 지역에서 입주권을 매수해 조합원 자격을 얻으면, 상대적으로 저렴한 조합원 분양가로 새 아파트를 얻을 수 있다. 동호수 배정에서도 유리한 곳을 선점한다. 하지만 아직 완성되지 않은 주택이라 입주까지 기간이 필요하며 여러 불확실성이 잠재해 있다.

그 밖에도 부모로부터 상속이나 증여 등으로 집을 물려받는 방법이 있다. 상속이나 증여로 집을 물려받는다고 공짜는 아니다. 상속이라면 상속세, 증여라면 증여세를 내야 하므로 세금 낼 돈이 있어야 한다.

재건축과 재개발은 무엇이 다를까?

낡은 집을 새집으로 교체한다는 점에서는 재건축이나 재개발이나 그게 그거다. 그렇지만 법적·제도적 측면에서 보면 둘 사이에는 상당한 차이가 있다.

재건축은 기반 시설은 양호하나 지은 지 오래된 노후 아파트가 밀집한 지역에서 낡은 아파트를 부수고 새 아파트로 바꿈으로써 주거 환경을 개선하는 사업이다. 대개 민간사업으로 진행한다.

이에 비해 재개발은 기반 시설이 열악하고 노후 불량 주택이 밀집한 지역에서 낡은 주택과 그 주변을 새롭게 탈바꿈으로써 주거 환경을 종합적으로 개선하는 사업이다. 보통 공공사업으로 진행하며 주변의 오래된 상하수도 시설, 가스공급 시설 등을 전부 새로 구축한다. 따라서 재개발은 재건축보다 기반 시설 구축을 위한 비용이 많이 들어간다.

재건축과 재개발 비교

재건축		재개발
주거 환경 개선	목적	주거 환경 개선
양호함	기반 시설	열악함
적음	기반 시설 기부채납	많음
대개 민간사업	사업 성격	대개 공공사업
구역 내 소재한 건축물 및 부속 토지의 동시 소유자	조합원 조건	구역 내 소재한 건축물 또는 토지 소유자, 지상권자
조합 설립에 반대하면 현금 청산 대상	조합원 자격	동의 여부와 관계없이 조합설립과 동시에 조합원이 됨
비교적 낮음	현금 청산자 비율	비교적 높음
원활함	사업 진행의 원활성	원활하지 않음
비교적 쉬움	투자 수익 예측	비교적 어려움
재건축 부담금 부과 (재건축 초과이익 환수법)	개발 부담금	해당 없음
일반적으로 해당 없음	주거 이전비 및 영업보상비	지급함

몇 가지 특성을 기준으로 재건축과 재개발을 비교할 수 있다. 재건축의 경우 입주권을 포기하고 현금을 받는 현금 청산자가 비교적 적으며 사업 진행도 상대적으로 원활하게 이루어진다. 기반 시설 기부채납도 적고 투자 수익성을 예측하기가 비교적 쉽다. 물론 이와 같은 특성 비교는 상대적이자 일반적 비교로

서 구체적 사업에 따라 얼마든지 달라진다. 한편 재건축은 재건축 초과이익을 환수하는 법에 따라 재건축 부담금을 내야 하는 경우가 있으며 주거 이전비와 영업보상비를 받지 못한다.

주택청약종합저축은 꼭 가입해야 할까?

경제적인 측면에서 따지자면 기존 아파트를 사는 것보다 새로 짓는 아파트를 사는 편이 조금 저렴하다. 그러니 새 아파트의 인기가 높을 수밖에 없고, 새 아파트를 사려는 사람이 공급량보다 많아 경쟁이 생긴다.

돈이 있다고 아무나 새로 짓는 아파트를 청약할 수 있는 건 아니다. 주택청약종합저축이라는 금융 상품에 가입되어 있어야 한다. 이 상품 가입자 중 청약을 신청한 사람 가운데 추첨을 통해 새 아파트 당첨자를 결정한다. 청약 경쟁이 치열한 경우에는 이른바 1순위 조건을 충족해야 한다.

무주택 세대주는 소득 공제도 받을 수 있으니 당장 아파트를 청약할 계획이 없더라도 주택청약종합저축에 미리 가입해 꾸준히 돈을 넣어두는 게 좋다. 대한민국 국민이라면 누구나 주택청약종합저축에 가입할 수 있으며 한 사람이 1개의 통장만 만들 수 있다.

주택청약종합저축은 매달 정기적으로 납입해야 하는데 월

2만 원부터 50만 원까지 납입할 수 있다. 그러나 인정받는 금액은 10만 원까지다. 미성년자가 납입한 횟수는 최대 24회까지만 인정해 준다.

국민주택과 민영주택이란?

국민주택은 국가, 지방자치단체, LH(한국토지주택공사), 지방공사처럼 공적 주체가 지어서 분양하는 주택으로 85m² 이하의 주택이다. 민영주택은 민간 건설업자가 지어서 분양하는 주택으로, 국민주택보다 외관이 화려하고 단지 내 시설이 풍족한 편이다. 대신 분양 가격이 상대적으로 비싸다.

주택청약종합저축에 가입한 사람은 국민주택이나 민영주택 모두 청약할 수 있는데 어느 주택에 청약하는지에 따라 자격이 다르다.

가입 후 1년이 지난 시점까지 매월 정해진 날짜에 12회 이상 납입하면 국민주택을 청약할 수 있는 1순위가 된다. 이 자격 조건이 그리 까다롭지 않아 전체 가입자 가운데 절반 이상, 1,500만 명 이상이 1순위 자격자일 정도로 많다. 인기 있는 주택의 경우 그만큼 경쟁자가 많아진다는 뜻이다. 40m² 초과 국민주택은 총 납부 인정금액이 많은 순으로 당첨자를 가린다.

민영주택을 청약하려면 일단 1순위 예치금 기준을 달성하는

국민주택과 민영주택 비교

구분		국민주택	민영주택
분양 주체		국가, 지방자치단체, LH, 지방공사	민간 건설업자
면적		전용 면적 85m² 이하	제한 없음
입주 대상		해당 지역 거주 무주택 세대주	해당 지역 거주 만 19세 이상
당첨자 선정	85m² 이하	순차별 공급	가점제 40%, 추첨제 60%
	85m² 초과	해당 없음	100% 추첨제

주: 비규제지역 기준이며, 투기과열지구나 청약과열지구 등 규제지역으로 지정되면
청약 1순위 자격이나 당첨자 선정 방법 등이 달라짐.

게 중요하다. 서울과 부산 지역의 기준이 제일 높고, 청약하려는
전용 면적이 넓을수록 높아진다. 가령 서울에서 85m² 이하의 민
영주택을 청약하려면 300만 원 이상을 예치해야 1순위 자격을
얻지만, 102m² 초과의 민영주택을 청약하려면 1천만 원 이상을
예치해야 한다.

민영주택은 청약 순위에 따라 당첨자를 정한다. 1순위 자격
보유자가 매우 많아서 그 안에서도 경쟁해야 한다. 만약 1순위
신청자가 미달이라면 기회는 2순위자에게 넘어간다.

민영주택 당첨자를 선정하는 방식에는 두 가지가 있다.

첫째, 청약 신청자를 대상으로 순수하게 추첨으로 선발하는

민영주택의 1순위 조건

(단위: 만 원)

구분	민영주택 청약 예치금		
	서울시, 부산시	광역시	기타 시, 군
85m² 이하	300	250	200
102m² 이하	600	400	300
135m² 이하	1,000	700	400
모든 면적	1,500	1,000	500

방식이다. 둘째, 가점제 방식이다. 무주택 기간, 부양가족 수, 통장 가입 기간에 따라 정해진 점수를 산정한 뒤 높은 점수의 사람부터 차례대로 당첨자를 결정하는 방식이다. 가점제에서 만점을 받으려면 무주택 기간 15년 이상, 부양가족 6명 이상, 청약통장 가입 기간 15년 이상의 조건을 모두 충족해야 한다.

가점이 높아 청약에서 당첨될 가능성이 크다고 판단하는 사람은 청약으로 내 집 마련에 도전하는 편이 바람직하다. 하지만 주택을 소유한 적이 있거나, 나이가 어리거나, 부양가족이 적다면, 즉 가점이 높지 않아 청약에서 당첨될 가능성이 작다면 청약을 포기하고 기존 주택을 사는 편이 좋다.

분양가 상한제는 왜 하는 걸까?

인기 있는 지역에 신축 아파트가 건설되면 입주하려는 사람들이 몰린다. 이 점을 이용해 건설회사는 아파트 분양 가격을 높게 정할 힘을 가지며, 때로는 많은 이윤을 취할 수 있다. 특정 지역의 아파트값 상승은 거기서 끝나지 않고 다른 지역의 아파트값을 자극한다.

이에 정부가 주택 시장을 안정화하고 아파트 분양 가격의 거품을 빼려고 아파트 분양가를 규제하는 경우가 있다. 이른바 분양가 상한제이다. 분양가 상한제가 적용되면, 정부가 적당하다고 생각하는 수준에서 정한 아파트 건축비 상한가에 택지비를 더한 가격 이하로 아파트를 분양해야 한다. 따라서 분양가 상한제가 적용되는 아파트의 분양가는 주변의 비슷한 아파트의 시세보다 낮게 정해지기 마련이다. 청약에 당첨된 사람은 순간적으로 많은 시세 차익을 얻을 수 있다는 뜻이다. 그래서 이 차익을 노리고 많은 사람이 청약 경쟁에 뛰어들어 일종의 투기장이 형성된다. 가격을 규제하니 새로운 문제가 생긴 셈이다.

이 새로운 문제를 막기 위해 새 규제가 생겼는데, 분양가 상한제 적용을 받는 아파트를 청약받은 사람은 일정 기간 안에 전매(입주하기 전에 해당 아파트를 다른 아파트에 파는 것)할 수 없거나 일정 기간 이상 해당 아파트에 실제로 거주해야 한다.

52

담보도 있는데
왜 대출이 안 될까?

　집값이 워낙 비싸다 보니 자기 돈으로만 집을 구매하는 사람은 많지 않다. 대부분 주택담보대출을 이용해 집을 산다. 문제는 주택을 담보로 하더라도 원하는 만큼 대출을 받지 못한다는 데 있다.

　집을 담보로 대출을 과도하게 받은 후 이를 갚지 못하는 사례가 빈번하게 발생한다면 해당 차입자뿐 아니라 대출 은행까지 부실해진다. 과도하게 대출받아 집을 사면 부동산 투기가 성행할 우려도 있다. 이에 정부는 주택담보대출을 엄격하게 규제하고 있다.

대출 한도는 어떻게 정해질까?

정부가 만든 대출 규제 수단은 세 가지다. 이름은 다르지만 모두 주택을 담보로 빌리는 돈의 한도를 제한하려는 취지라는 공통점이 있다.

우선 LTV_{Loan to Value Ratio}(주택담보인정비율)가 있다. 담보 주택의 실제 가치의 일정 비율까지만 대출을 허용하는 수단이다. 쉽게 말하면 집을 담보로 얼마까지 돈을 빌릴 수 있는지를 규제한다. LTV가 높을수록 대출을 더 많이 받을 수 있다.

LTV가 60%라면 5억 원짜리 주택을 담보로 최대 3억 원까지만 대출이 가능하다. 만약 집값을 안정시키려고 한다면, 정부는 LTV를 낮춰 대출을 억제함으로써 주택 매수세를 진정시킨다. 대출받으려는 집에 세입자가 있다면 한도 금액에서 세입자의 보증금을 뺀 나머지만 대출이 가능하다.

DTI_{Debt to Income}(총부채상환비율)도 있다. 소득이 많은 사람은 대출을 잘 상환할 수 있으므로, 버는 능력에 비례해서 대출해준다는 취지다. 쉽게 말하면 소득의 일정 비율까지만 대출을 허용하는 것이다. 주택담보대출뿐 아니라 다른 이유로 받은 대출의 이자까지 포함해 연간 상환해야 할 금액을 그 사람의 연간 소득으로 나눈 비율이 DTI이다.

예를 들어 연간 소득이 1억 원이고 정부가 DTI를 50%로 설

정부의 주택 관련 대출 규제

LTV (주택담보 인정비율)	주택을 담보로 대출받을 때 주택 가격 대비 대출 가능한 한도	$$\frac{\text{대출금액}}{\text{주택가액}} \times 100$$
DTI (총부채 상환비율)	연 소득에서 주택담보대출 원리 금 상환액과 기타 대출 이자 상 환액이 차지하는 비율	$$\frac{\text{주택담보대출 원리금 + 기타 대출이자}}{\text{연소득}} \times 100$$
DSR (총부채원리 금상환비율)	연 소득에서 전체 금융 부채 원 리금 상환액이 차지하는 비율	$$\frac{\text{모든 금융부채 원리금}}{\text{연소득}} \times 100$$

정하면 총부채의 원리금 상환액이 연간 5천만 원을 초과하지 못
하도록 대출 규모를 제한한다. 정부가 DTI를 낮추면 대출 한도
가 축소되므로 부동산 투기를 억제하는 데 도움이 된다. 반면 대
출 기간을 길게 하면 연간 상환액이 그만큼 감소하므로 대출 한
도를 늘릴 수 있다.

DTI를 조금 더 까다롭게 제한한 것이 DSR Debt Service Ratio (총부채
원리금상환비율)이다. 더 까다롭다고 하는 이유는 신용 대출, 자동
차 할부금, 마이너스 통장, 카드론 등 온갖 대출의 원금과 이자를
모두 포함해서 고려하기 때문이다. 비율을 구할 때 분모인 연소
득은 그대로인데 분자에 포함되는 항목이 많아지므로 자연스럽
게 대출 한도가 축소된다.

정부는 이상의 세 가지 조건을 모두 충족할 것을 요구하므로
세 조건의 교집합 안에서 대출 한도가 정해진다. 이 세 가지 대출

수단의 구체적 비율은 지역에 따라, 주택 가격에 따라, 주택 시장 상태에 따라 달라진다.

일반적으로 지방보다는 수도권의 비율이 낮고, 조정대상지역보다는 투기과열지구나 투기지역의 비율이 낮다. 그런데 조정대상지역, 투기과열지구, 투기지역이란 어떤 곳일까?

어디가 투기지역일까?

정부는 최근 3개월간 주택 가격 상승률이 소비자물가 상승률의 1.3배를 초과한 지역을 '조정대상지역'으로 지정한다. 주택 시장이 과열되었다고 판단하는 지역이라 한층 강화된 대출 규제와 청약 자격이 적용된다.

여기서 한 걸음 더 나아가 주택 가격이 급등하거나 주택에 대한 투기가 우려되는 지역은 '투기과열지구'로 지정한다. 이 지역에는 조정대상지역보다 더 강력한 규제가 따른다. 이를테면 투기과열지구에서는 조합원 지위 양도와 분양권 전매가 금지되고 재당첨도 제한된다. 이 지역의 고가 주택을 구입할 때는 대출이 안 된다.

'투기지역'은 조정대상지역이나 투기과열지구보다 더 주목받는 지역으로 보면 된다. 부동산 관련 규제는 보통 국토교통부가 주도하는데, 투기지역은 특이하게 기획재정부 장관이 부동산가

조정대상지역과 투기과열지구의 차이

구분		조정대상지역	투기과열지구
정량 요건	필수	최근 3개월간 주택 가격 상승률이 물가 상승률의 1.3배 초과	최근 3개월간 주택 가격 상승률이 물가 상승률의 1.5배 초과
	1개 이상 충족 필요	① 2개월간 청약 경쟁률 5:1 초과 ② 3개월간 분양권 전매 거래량 전년 동기 대비 30% 이상 증가 ③ 주택보급률, 자가보유율 전국 평균 이하 등	① 2개월간 청약 경쟁률 5:1 초과 ② 분양 전월 대비 30% 이상 감소 ③ 주택보급률, 자가보유율 전국 평균 이하 등
정성 요건		주택 분양 등이 과열되어 있거나 과열될 우려가 있는 지역	주택 투기가 성행하고 있거나 성행할 우려가 있는 지역

격안정 심의위원회를 거쳐 지정한다. 투기과열지구나 조정대상 지역 가운데서도 가격이 더 급등하는 지역을 투기지역으로 지정해 각종 규제를 강화한다.

어떤 상환 방식을 선택해야 할까?

대출을 받으려 할 때 가장 먼저 따져봐야 할 것은 대출 이자다. 주택담보대출은 금액이 상당하고, 원리금을 상환하는 방식별로 매달 부담해야 할 원리금이 달라지므로 신중하게 판단해야 한다. 매달 상환해야 할 대출 이자가 얼마인지를 계산하려면 어떤 방식으로 대출을 상환할 것인지를 먼저 결정해야 하는데 크게 세 가지 방식이 있다.

첫째, 원리금 균등분할 상환 방식이다. 대출 원금과 이자를 모두 합한 금액(원리금)을 만기일까지 균등하게 나눠 매달 같은 금액을 상환하는 방식이다. 매달 갚아야 할 상환액이 일정하므로 자금 지출 계획을 세우기 쉽다. 다만 갚아야 할 이자 총액이 원금 균등분할 상환 방식보다 많다는 단점이 있다.

둘째, 원금 균등분할 상환 방식이다. 만기일까지 대출 원금을 매달 균등하게 상환하고, 여기에 매회 남아 있는 대출 원금 잔액에 대한 이자를 함께 갚아나가는 방식이다. 매달 갚아야 할 원금은 일정하지만, 만기에 가까워질수록 남이 있는 대출 원금이 줄어들어 내야 할 이자도 줄어들므로 결국 매달 상환액이 계속 줄어드는 구조를 지닌다. 원리금 균등분할 상환 방식에 비해 초기에는 매달 상환해야 할 금액이 많지만, 나중에는 상환해야 할 금액이 적다.

대출 상환 방식 비교

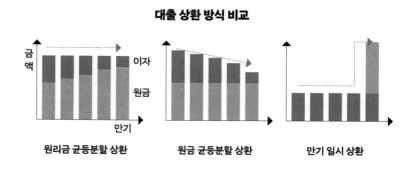

원리금 균등분할 상환   원금 균등분할 상환   만기 일시 상환

상환 방식에 따른 월 상환액과 이자

(단위: 원)

구분	원리금 균등분할 상환	원금 균등분할 상환	만기 일시 상환
1회차 상환액	1,887,123	2,083,334	416,667
10회차 상환액	1,887,123	2,020,834	416,667
20회차 상환액	1,887,123	1,951,389	416,667
30회차 상환액	1,887,123	1,881,945	416,667
40회차 상환액	1,887,123	1,812,500	416,667
50회차 상환액	1,887,123	1,743,056	416,667
만기 월 상환액	1,887,123	1,673,611	100,416,667
전체 대출 이자	13,227,402	12,708,333	25,000,000

주: 1억 원을 5% 금리로 5년 만기 대출하는 경우에 대해서 핀다의 대출 이자 계산기를 이용한 결과임.

셋째, 만기 일시 상환 방식이다. 대출받은 후 평소에는 원금을 갚지 않다가 만기일에 한 번에 갚는 방식이다. 대신 매달 같은 금액의 이자만 갚는다. 대출 기간 중 원금을 전혀 상환하지 않으므로 결국에는 갚아야 할 이자 총액이 가장 많은 상환 방식이다.

1억 원을 5년(60개월) 만기에 금리 5% 조건으로 대출받았다고 하자. 원리금 균등 상환의 경우 총대출 이자가 13,227,402원이므로 상환해야 할 원리금 총액은 113,227,402원이 된다(=1억+이자). 이를 5년 동안 균등하게 나누어 갚는 방식이므로 매달 상환해야 할 원리금은 1,887,123원이다.

이자가 가장 적은 건 원금 균등분할 방식이다. 매달 원금을 균등하게 갚아나가고 남은 원금에 대한 이자만 더해지기 때문에 만기가 다가올수록 이자가 줄어드는 덕분이다. 이자를 적게 내려는 사람이 선호하는 방식이다.

대출 초반에 부담이 가장 적은 방식은 만기 일시 상환이다. 대신 만기 때 원금을 한꺼번에 갚아야 하므로 상환 부담이 대폭 커진다. 지금 당장은 여건이 좋지 않지만 향후 재정 여건이 좋아질 것으로 예상할 때 선택하면 좋다.

상환 방식에 따라 매달 갚아야 할 대출 이자를 계산할 수 있는 사이트나 앱이 여럿 개발되어 있으니 이를 활용하면 유용하다.

고정금리와 변동금리, 어떤 게 좋을까?

대출금리를 정하는 방법에는 고정금리와 변동금리 두 가지가 있다.

고정금리에 의하면 대출받을 때 약속한 금리가 만기가 될 때까지 그대로 유지된다. 기준금리와 시중금리가 아무리 올라도 신경 쓸 필요 없다는 게 최고의 장점이다. 물론 단점도 있다. 대출 이후 기준금리와 시중금리가 내리더라도 그 혜택을 보지 못하고 계약 당시의 금리에 따른 이자를 그대로 내야 한다.

변동금리에서는 계약할 때 정해놓은 금리가 있어도 기준금리가 오르거나 내림에 따라 연동해서 바뀐다. 기준금리가 내려가면 변동금리도 내리므로 이자 부담이 줄어든다는 게 장점이지만, 기준금리가 오르면 이자 부담도 따라서 증가한다는 단점이 있다.

어떤 금리를 선택하는 게 좋은지는 한마디로 정하기 어렵다. 고정금리가 유리해 보이지만 실제 은행은 변동금리보다 고정금리를 높게 책정한다. 미래에 금리가 어떻게 될지 모르니 손실 리스크를 미리 적당히 반영해 처음부터 금리를 높게 부과하는 것이다. 그러다 보니 고정금리가 유리한 경우는 사람들의 예상을 벗어날 만큼 매우 큰 폭으로 기준금리가 오를 때이다. 물론 이런 현상은 잘 발생하지 않는데, 코로나19 팬데믹 이후 인플레이션이 심하게 발생한 2022년 하반기에 이런 사태가 나타난 적이 있다.

53

집을 사면
세금은 얼마나 나올까?

집을 사는 데 필요한 돈은 집값만이 아니다. 집을 거래할 때는 집값 외에도 결코 만만하게 볼 수 없는 각종 세금과 거래비용이 필요하다. 내 몸의 그림자처럼, 집에는 늘 세금과 비용이 함께 따른다.

집과 관련된 세금은 어떤 게 있을까?

집을 산 사람은 집을 취득했으므로 잔금을 치른 60일 이내에 취득세를 내야 한다. 취득세에도 누진세가 적용되므로 매매가가 비싼 집은 취득세를 훨씬 많이 낸다. 원래는 등록세도 내야 하지만 취득세에 등록세가 포함되어 있어 한꺼번에 낸다.

취득세는 집을 취득할 때 한 번만 내는 세금이며, 집을 소유한 상태에서는 매년 재산세를 내야 한다. 재산세는 토지, 건축물, 주택, 선박, 항공기 소유자에게 부과되는 세금으로, 집이 있는 지역을 관리하는 지방자치단체가 걷는 지방세다. 매년 두 차례, 7월과 9월에 재산세를 1/2씩 나누어 납부한다.

재산세 납부 기준일은 매년 6월 1일이다. 집을 5월 31일에 매도한 사람은 재산세를 내지 않아도 되며, 이 집을 취득한 새 주인이 내야 한다. 그러므로 집을 파는 사람은 5월 말까지 잔금을 받으려 하고, 집을 사는 사람은 6월 1일 이후에 잔금을 치르면 한 해 재산세를 아낄 수 있다.

집을 팔 때도 세금이 있다. 집을 팔아서 얻은 차익이 양도소득이고, 이에 대해서 양도소득세를 내야 한다. 집값이 오르지 않았거나 떨어졌다면 양도소득세를 내지 않는다. 양도소득세 역시 누진세이므로 양도 차익이 클수록 세율이 높아진다. 다주택자 여부, 보유 기간 등에 따라 양도소득세가 크게 달라진다.

마지막으로 종합부동산세가 있다. 부동산을 과도하게 많이 보유하거나 고가의 집을 보유한 사람에게 부과해 소득 격차를 줄이고 부동산 투기를 억제할 목적에서 도입한 세금이다. 대상이 되는 주택과 토지를 소유하고 있는 사람은 해마다 12월에 종합부동산세를 내야 한다. 고가의 주택이나 토지를 보유하고 있는

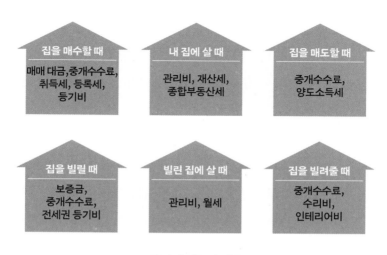

집 관련 세금과 비용

아주 적은 수의 사람에게만 과세되었지만, 집값 상승과 함께 종합부동산세를 내는 사람도 많아졌다.

상속세나 증여세는 누가 낼까?

부모님이 사망하면서 재산으로 집을 남기는 경우가 있다. 이 집을 상속받는 사람은 상속세를 내야 한다. 사망한 사람이 세금을 낼 수 없으므로 당연히 상속받은 사람(상속인)이 부담한다.

상속인은 사망한 사람의 사망일이 속한 달의 말일부터 6개월 안에 세무서에 상속세 신고를 하고 자진 납부해야 한다. 기간 내에 신고하면 세액의 3%를 공제받을 수 있으나 기한을 넘기면 가산세가 추가된다. 다만 중산층 상속인의 생활 안정을 위해 상속 공제를 해주고 있어 상속 재산 규모가 크지 않다면 실질적으로 상속세를 내지 않는 경우가 많다.

상속에는 사망자의 재산뿐 아니라 빚도 포함된다. 만약 빚이 상속 재산 가치보다 많다면 상속 포기를 하거나 한정승인을 하면 된다. 상속 포기란 상속 재산을 받지 않겠다는 뜻을 표시하는 것이며, 한정승인은 상속 재산이 많은지 빚이 많은지 분명하지 않을 때 상속받을 재산 한도 내에서 빚을 갚겠다는 의사표시이다. 한정승인을 한 뒤, 상속 부채를 갚고 남은 상속 재산이 있으면 한정승인자에게 귀속된다.

살아 있는 부모가 자식에게 또는 부부 사이에 재산을 공짜로 넘겨주는 증여도 있다. 증여 재산을 받은 사람은 증여세를 내야 한다. 만약 부모가 자식의 증여세를 대신 내주면, 그 부분까지 증여한 것으로 간주돼 증여세가 그만큼 늘어난다.

증여 재산을 받은 사람은 증여일이 속한 달의 말일부터 3개월 안에 관할 세무서에 증여세를 신고하고 자진 납부해야 한다. 기간 내에 신고하면 세액의 3%를 공제받을 수 있으나 기한을 넘기면 가산세를 추가로 부담해야 하는 것은 상속세와 마찬가지다.

개별 주택의 가치를 파악하기 곤란한 까닭은?

부동산(주택)에는 여러 가지 이름의 가격이 있어 무척 혼란스럽다. 먼저 '호가'가 있다. 주식을 팔려는 사람이 부르는 가격을 호가라 하듯이, 주택을 팔려는 사람이 부르는 가격도 호가라고 한다. 비싸게 팔고 싶은 게 소유자의 바람이므로 호가는 보통 실제 가격보다 조금 높다.

호가를 놓고 사려는 사람과의 협의를 거쳐 실제 집이 거래되는 가격이 '실거래가'다. 해당 주택의 시세라고 할 수 있다.

세금은 과세 대상이 되는 물건의 가치에 세율을 곱해 계산한다. 주택 관련 세금도 마찬가지다. 거래가 수시로 이루어지고 전국적으로 질이 표준화되어 있는 과자, 옷, 자동차 같은 일반 재화는 시장 가치가 명확해 세금을, 가령 부가가치세를 쉽게 계산할 수 있다.

하지만 주택은 사정이 다르다. 우선 거래가 드문드문 어쩌다 이루어진다. 몇 년 동안 거래가 없는 주택도 많다. 같은 단지에 있더라도 아파트마다 동이나 배치나 층수에 따라 가치가 제각각이다. 또 팔려는 사람의 자금 사정에 따라 실거래가가 영향을 받기도 한다. 한마디로 주택의 시장 가치가 얼마인지를 정확하게 파악하기 곤란하다.

실거래가가 있는데 공시가격을 또 산정하는 까닭은?

사고판 게 아니라 단지 보유만 하고 있는 주택에 대해서도 정부는 재산세 같은 보유세를 부과해야 하므로, 해당 주택의 가격이 얼마인지를 파악해야 한다. 그러나 주택을 사고팔지 않았으니 실거래가를 알 도리가 없다. 그래서 정부는 주택의 가격을 정해 공개적으로 게시해 알리고 각종 세금을 부과하거나 수용 토지에 대한 보상액을 결정하는 기준으로 삼는다. 이런 목적에서 정부가 산정하는 가격이 '공시가격'이다. 실제로 재산세나 종합부동산세를 산정할 때는 공시가격에 공정시장가액비율(가령 60%)이라는 것을 곱한 뒤 해당 세율을 적용한다.

정부의 공시가격에는 공시지가, 주택공시가격, 기준시가, 시가 표준액처럼 여러 종류가 있다. 부동산 관련 가격이 매우 혼란스러울 수밖에 없는 이유가 여기에 있다.

먼저 공시지가를 보자. 정부가 공시한 '지가地價'라는 말이므로, 토지에 대해서만 정부가 산정하는 가격이다. 따라서 공시지가에는 그 땅 위에 건설된 건축물의 가치는 포함되지 않는다. 공시지가는 대략 실거래가의 60~70% 정도에서 정해진다.

공시지가는 다시 표준지 공시지가와 개별 공시지가로 나뉜다. 표준지 공시지가는 매년 1월 1일 기준으로 국토교통부가 전국의 약 3천만 필지의 땅 가운데 대표성이 있는 약 50만 필지에 대

토지에 대한 공시가격

종류		개념	활용
공시지가	표준지 공시지가	전국에서 대표성 있는 표준지의 가격을 고시 (매년 2월경)	개별 공시지가의 산정 기준
	개별 공시지가	표준지 공시지가를 기준으로 세분한 토지 가격을 고시 (매년 6월경)	국세, 지방세의 과세 기준

해서 산정한 가격이다. 국토교통부가 전국에 있는 모든 토지를 일일이 조사하지 못하니 표준지로 선정한 토지의 지가만 공시하는 것이다.

이처럼 국토교통부가 표준지 공시지가를 산정해 놓으면, 전국의 각 지자체(시, 군, 구)가 이를 기준으로 해서 관내의 땅값을 용도, 도로 여건, 교통 조건 등으로 세분해 감정 평가를 한 후 고시하는 가격이 개별 공시지가다. 공시지가라고 하면 대개 개별 공시지가를 의미한다. 토지에 대한 각종 세금이나 수용 보상금 산정의 기준이 되어 두루 쓰이기 때문이다.

공시가격이 없는 건물은 어떻게 세금을 부과할까?

토지뿐 아니라 건축물까지 포함한 전체 재산에 대해서 정부가 공시하는 가격으로는 주택공시가격, 기준시가, 시가 표준액이 있다.

먼저 주택공시가격을 보자. 보통은 줄여서 공시가격이라고 한다. 뉴스나 정부가 공시가격이라고 하는 바로 그것이다. 주택에 관하여 과세 기준을 제공하려고 정부가 공시한 가격이다. 주택을 대상으로 부과하는 재산세, 종합부동산세, 건강보험료를 산정하는 바탕이 되는 가격이므로 많은 사람이 관심을 가진다. 국토교통부 장관이 매년 공시한다. (주택)공시가격은 실거래가보다 많이 낮은데, 정부는 공시가격을 시세에 가깝게 현실화하겠다는 장기 계획을 세워놓고 있다.

(주택)공시가격은 주택의 종류에 따라 다시 세 가지로 나뉜다. 아파트, 연립주택 같은 공동주택의 가격을 국토교통부가 공시한 게 공동주택 공시가격이다. 개별주택(단독, 다가구, 다중주택)에 대해서는 표준 단독주택 공시가격(대표성 있는 20여만 표준주택에 대해 국토교통부가 책정한 적정 가격)과 개별 단독주택 공시가격(표준 단독주택 공시가격을 기준으로 지자체가 각 지역의 개별 단독주택에 대해서 산정해 공시한 가격)이 있다.

다음으로 기준시가가 있다. 공시가격이 없는 건축물의 경우(오피스텔이나 상업용 건물 등) 국세청이 과세 기준으로 활용하기 위해 정하는 가격이다. 상속이나 증여를 받아 부동산의 정확한 실거래가를 확인하기 힘든 경우에도 국세청은 기준시가를 기준으

공시가격

종류		개념	활용
(주택) 공시지가	공동주택 공시가격	아파트, 연립주택 등에 대해 국토교통부가 책정한 가격(매년 4월 말경)	국세 과제 기준
	표준 단독주택 공시가격	대표성 있는 20여만 표준주택에 대해 국토교통부가 책정한 적정 가격 (매년 1월 말경)	
	개별 단독주택 공시가격	표준 단독주택 공시가격을 기준으로 나머지 단독주택에 대해 지자체가 산정한 가격(매년 4월 말경)	
기준시가		국세청이 과세 기준으로 활용하려고 정하는 가격	국세 과제 기준
시가 표준액		지자체가 과세 기준으로 활용하려고 정하는 가격	지방세 과제 기준

로 해서 상속세나 증여세를 산정한다. 보통 실거래가의 80% 수준에서 정해진다.

마지막으로 시가 표준액은 지자체가 관내 건물에 대해 고시하는 가격이다. 취득세, 등록세, 종합토지세 같은 지방세를 부과하는 기준으로 사용하기 위함이다.

갭투자는
누구나 성공할까?

2010년대 후반에 집값이 상승하자 이른바 갭투자가 성행했다. 비교적 소액으로도 시작할 수 있는 재테크라는 점에서 젊은 사람들도 관심을 보였고, 실제로 투자에 성공한 사람도 꽤 있었다.

갭투자는 집값이 앞으로 오른다는 믿음에서 시작한다. 단순한 예로 매매가가 2억 원, 전세가가 1억 5천만 원인 집이 있다고 하자. 이 경우 갭은 5천만 원이다. 이 갭에 해당하는 5천만 원을 보유하고 있거나 빌릴 수 있다면 2억 원짜리 집을 구매할 수 있다. 부족한 돈 1억 5천만 원은 전세로 들어오는 사람에게서 받는 전세 보증금으로 충당하면 되기 때문이다. 자기 돈 5천만 원으로 2억 원짜리 집의 소유주가 된 것이다.

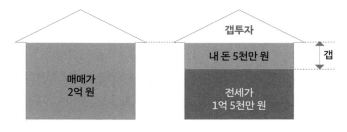

갭투자 원리

집을 구매한 뒤, 기대처럼 집의 매매가가 2억 5천만 원으로 오르면 집을 되판다. 전세금 1억 5천만 원을 돌려주고도 1억 원이 남는다. 원래 투자 자금 5천만 원을 회수함은 물론이고 시세 차익으로 5천만 원을 얻는다.

이처럼 갭투자는 매매가와 전세가의 갭이 작은 집을 전세를 끼고 적은 목돈으로 산 뒤, 매매가가 상승하면 되팔아 투자 원금을 회수하고 차익을 실현하는 투자 방식이다. 전세가율이 높아 전세가와 매매가의 차이가 작을수록 투자 금액이 적게 들어 갭투자가 유망해진다.

다른 사람의 돈을 이용해 많은 수익을 얻는 투자 기법을 레버리지leverage라고 한다. 신용 거래나 빌린 돈으로 주식에 투자해서 돈을 버는 것도 레버리지 투자다. 주식 선물에서 큰돈을 벌 수 있는 것도 레버리지 원리를 이용한 덕분이다. 갭투자 역시 전세라는 우리나라 부동산 시장의 독특한 특성을 잘 활용한 레버리지 투자의 전형적인 사례다.

갭투자는 성공의 보증수표일까?

이와 같은 레버리지 투자의 긍정적 측면만 보고 섣불리 갭투자에 나서다간 큰코다친다. 우선 갭투자에도 분명히 비용이 발생함을 잊지 말아야 한다. 중개수수료, 취득세, 재산세, 양도소득세 등 부동산 거래에 따르는 각종 비용이 만만치 않다. 매매가가 각종 거래 비용을 충당하고도 남을 정도로 크게 올라야 비로소 갭투자에서 이익을 얻을 수 있다.

더 큰 문제는 집 가격이 오르지 않거나 반대로 내리는 경우다. 매매가가 내린다면 세금 외에 매매 손실까지 감당해야 한다. 이전 세입자가 나갈 때 다음 세입자를 구하지 못하거나 전세가가 떨어져 있다면 전세 보증금을 돌려줄 자금이 모자라게 된다. 대출을 추가로 받아야 한다면 그에 따르는 이자도 부담해야 한다. 집값 상승이라는 예상이 어긋나는 경우 갭투자는 패가망신으로 이어진다.

전세가가 오르면 매매가도 오를까?

전세가가 오르면 매매가도 따라서 오른다는 말이 있다. 실제로 이런 현상을 보이는 경우가 많다. 그렇다고 마치 무슨 법칙이나 되는 양, 항상 이 관계가 성립한다고 믿으면 안 된다. 통계를 보면 매매가와 전세가가 독립적으로 움직이는 사례도 생각보다 많다. 심지어 전세가가 매매가를 앞지르는 역전 현상 또는 깡통 전세도 발생한다.

매매가와 전세가가 항상 같은 방향으로 움직이지 않는다는 말은, 이 두 개에 영향을 미치는 변수들 가운데 공통 변수도 있지만 서로 다른 변수도 있다는 뜻이다. 전체 부동산 시장의 상황, 정부 정책, 시장의 수급 상태 등은 매매가와 전세가에 공통으로 영향을 미치는 변수다. 이런 변수가 변동하면 매매가와 전세가가 같은 방향으로 오르거나 내린다. 하지만 매매가와 전세가는 서로 다른 변수에도 영향을 받는다. 이런 변수가 영향을 미치면 매매가와 전세가가 따로 움직인다.

기본적으로 매매가는 현재의 시장 가치와 미래의 시장 가치를 많이 반영한다. 이에 비해서 전세가는 현재의 사용 가치, 즉 거주 편의성의 영향을 크게 받는다. 아파트 주변에 편의시설, 교통 여건, 학교 등이 잘 갖춰져 있어 살기 좋은 지역에 위치한 아파트는 전세가가 강세를 보여 전세가율이 높게 형성된다.

만약 주변에 대형 개발계획이 확정된 아파트가 있다면 현재는 생활 인프라가 부족해 사용 가치, 즉 전세가가 높지 않을 수 있다. 그렇지만 미래의 시장 가치는 높으므로 시간이 흐를수록 매매가가 더 빠르게 오른다.

55

주택의 종류는
어떤 기준으로 정해질까?

집을 사려고 할 때 중요하게 따져보는 것 가운데 하나가 면적이다. 특히 아파트는 전용 면적, 공용 면적, 공급 면적, 계약 면적, 서비스 면적 등이 있어 무척 헷갈린다.

전용專用은 다른 사람과 공동으로 쓰지 않고 혼자서만 쓴다는 뜻이므로, 전용 면적은 입주자가 독점적으로 사용하는 공간의 넓이다. 방, 거실, 주방, 화장실에 해당하는 면적으로 집에 거주하며 매일 사용하는 공간이다.

공용共用은 여러 사람이 함께 쓴다는 뜻이므로 다른 사람과 함께 이용하는 부분의 넓이를 공용 면적이라 한다. 공용 면적은 다시 주거 공용 면적과 기타 공용 면적으로 나뉘는데 엘리베이터,

아파트 면적의 종류

전용 면적	방, 거실, 주방, 화장실	공급 면적 (분양 면적)	계약 면적
주거 공용 면적	엘리베이터, 계단, 복도, 1층 현관		
기타 공용 면적	관리사무소, 주차장, 경로당		
서비스 면적	발코니		

계단, 복도가 주거 공용 면적에 해당한다. 기타 공용 면적에는 단지 안에 있는 주차장, 관리사무소, 경로당 등이 들어간다.

공급 면적은 전용 면적과 주거 공용 면적을 합한 개념이다. 아파트에서는 이를 분양 면적이라고도 한다.

공급 면적에 기타 공용 면적까지 합한 게 계약 면적이다. 입주민이 사용 권한을 갖는 모든 공간의 넓이인 셈이다.

마지막으로 서비스 면적이란 것도 있다. 이른바 발코니 면적이다. 전용 면적이나 공용 면적에 포함되지 않으면서 건설사가 입주자에게 '서비스' 성격으로 제공하는 부분이다.

주거 공간과 사무용으로 모두 사용할 수 있는 오피스텔은 아파트와 면적 개념에서도 다소 차이가 있다. 아파트의 분양 면적은 공급 면적을 뜻하지만, 오피스텔의 분양 면적은 계약 면적이다. 그리고 오피스텔에는 서비스 면적이 없다.

오피스텔은 전용률(분양 면적에서 전용 면적이 차지하는 비율)이 아파트보다 월등히 낮아서 같은 평형이라 하더라도 전용 면적이 좁다. 오피스텔은 주 용도가 업무 시설이라 복도나 엘리베이터 등의 공용 공간 비중이 넓은 탓이다.

계약부터 잔금 치르기까지의 과정은?

마음에 드는 집을 발견하면 계약을 한 뒤 집값을 모두 치러야 비로소 내 이름으로 된 집을 보유할 수 있다. 집값이 비싸고 현재 사는 사람과 새로 입주해야 할 사람의 이사 문제가 얽혀 있어서 거래는 단시간에 이루어지지 않는다. 일반적으로 계약금, 중도금, 잔금을 치르는 3단계에 걸쳐 진행된다. 새 아파트를 분양받는 경우에는 계약부터 입주까지 보통 3년 정도 걸린다.

계약할 때는 먼저 통상 집값의 10%에 해당하는 계약금을 낸다. 집을 살펴보기 전에 계약금을 미리 준비해야 마음에 드는 집을 발견했을 때 바로 계약할 수 있다. 은행은 계약금 명목으로는 대출해주지 않는다.

중도금은 계약일과 입주일 사이에 적당한 날짜로 정한다. 새 아파트를 분양받은 경우라면 공사 기간에 따라 여러 차례에 나눠 중도금을 낸다. 여유자금이 있다면 중도금을 한꺼번에 선납해서 할인받는 방법도 있다. 반대로 중도금을 연체하면 이자를 내야 하므로 여유자금이 없다면 미리 중도금 대출을 받아야 한다.

마지막으로 잔금까지 치러야 비로소 집주인이 되고 입주할 수 있다. 대체로 중도금은 매매가의 40% 이상, 잔금은 매매가의 50% 이하로 정한다.

중도금과 잔금은 언제 내는 게 유리할까?

일단 중도금을 치르면 돌아올 수 없는 강을 건넌 셈이다. 계약 취소에 따르는 손실이 매우 크기 때문이다. 집값이 가파르게 오르는 시기에는 매매 계약을 체결한 후에도 종종 계약 해지 요구가 발생한다. 계약금을 물어주더라도 오른 집값으로 더 많은 이득을 얻는다는 판단에서다.

따라서 집값이 오르는 시기에 집을 산 사람은 중도금 날짜를 빠르게 잡아 집주인이 계약을 해지할 가능성을 줄이는 게 현명하다. 반대로 집값이 내리는 시기에는 집을 산 사람이 계약을 해지할 동기가 생기지 않도록 집주인은 중도금 날짜를 빠르게 잡는 게 좋다.

대출받아 잔금을 치르는 경우라면 반드시 계약 전에 은행을 방문해서 대출 가능 금액을 문의해야 한다. 제날짜에 잔금을 치르지 못하면 험난한 소송의 길로 갈 우려가 있다.

내가 거주하는 주택은 뭐지?

주택의 종류를 구분하는 기준에는 여러 가지가 있지만, 하나의 건축물에 몇 세대가 어떤 형태로 거주하느냐에 따라 구분하는 게 보편적이다.

주택은 크게 단독주택과 공동주택으로 구분하며, 단독주택은 다시 (좁은 의미의) 단독주택, 다중주택, 다가구주택의 세 종류로 나뉜다.

(좁은 의미의) 단독주택은 한 가구만 살고 있는 주택이다. 건축법상 면적 제한이 없고 단독 택지 위에 단일 가구를 위해 건축한 주택이다. 자신의 취향에 맞게 건축할 수 있다는 장점이 있다.

다중주택은 고시원을 생각하면 된다. 주방과 화장실을 다른 사람과 공동으로 사용한다는 점에서 독립된 주거 형태가 아니다.

다가구주택은 원룸을 생각하면 된다. 한 건물 안에 여러 가구가 거주할 수 있도록 지어졌지만, 각 가구가 독립적으로 주거 생활을 유지한다. 한 건물에 여러 가구가 독립생활을 하되, 건물 소유자는 한 명이라 단독주택에 속한다. 다중주택이나 다가구주택은 모두 3층 이하의 건물이라는 공통점이 있다.

단독주택과 대비되는 개념으로는 공동주택이 있다. 공동주택은 다시 다세대주택, 연립주택, 아파트로 구분한다. 다세대주택과 연립주택은 세대별로 소유와 등기가 가능하며 4층 이하라

주택 종류

구분	종류	연면적	층	기타
단독주택	단독주택	제한 없음	–	–
	다중주택	330m² 이하	3층 이하	독립 주거 형태 아님
	다가구주택	660m² 이하		독립 주거, 19세대 이하
공동주택	다세대주택		4층 이하	개별 소유권
	연립주택	660m² 초과		
	아파트	제한 없음	5층 이상	

는 점에서 차이가 없다. 이 둘을 구분하는 기준은 연면적이다. 다세대주택이 연립주택보다 좁다(연면적이 660m² 이하이면 다세대주택, 660m²를 초과하면 연립주택). 쉽게 말해 다세대주택에는 건물만 있고 마당이나 화단 같은 공간이 없다.

아파트는 층수가 5층 이상인 공동주택을 말하며 연면적에 제한이 없다. 이에 비해 연립주택과 다세대주택은 4층 이하의 주택인데, 만약 1층이 필로티 구조라면 층수에서 제외되므로 5층까지 가능해진다.

다가구주택과 다세대주택은 이름이 비슷해 혼동하기 쉽다. 이 둘만 따로 떼어내 비교해 보면, 다가구주택은 단독주택이므로 가구별 등기가 불가능하다. 반면 다세대주택은 공동주택으로서 가구별로 등기가 되어 있다. 연면적이 660m² 이하라는 점에서는 차이가 없다. 다가구주택은 4층이 될 수 없지만, 다세대주택은 4층이 가능하다.

등기부등본은
왜 봐야 할까?

전·월세 계약을 체결하기 전에 집주인이 집을 담보로 빚을 얻어 쓰고 있는지, 그 빚이 얼마나 되는지 등을 꼭 확인해야 한다. 빚이 많아서 집이 경매로 넘어가 주인이 바뀌는 경우 보증금을 돌려받지 못할 수 있기 때문이다. 더 근본적으로는 집의 소유권 여부를 확인해 본인이 거래하는 사람이 정말 집주인이 맞는지도 점검해야 한다.

이를 둘러싼 정보는 계약하고자 하는 집의 등기부등본에서 찾을 수 있다. 정확한 명칭은 '등기사항전부증명서'이다. 등기사항전부증명서라는 서류 이름에서 짐작할 수 있듯이, 해당 집이 언제 지어졌는지부터 시작해서 면적, 집주인의 변경 과정, 빚의 유무 등에 관한 온갖 정보가 고스란히 담겨 있다.

등기부등본은 대한민국 법원 인터넷 등기소에서 누구나 발급 또는 열람할 수 있다. 등기부등본의 내용은 실시간으로 바뀌므로 계약 직전에 직접 발급받아 가장 최근의 정보를 확인할 필요가 있다.

막상 등기부등본을 보더라도 이를 해석하지 못하는 사람이 있다. 어떤 집의 등기부등본은 수십 쪽에 이르기도 하는데, 어느 부분을 봐야 하는지 비전문가로서는 당황스럽기도 하다. 참고로 아파트는 집합건물로 표기된다.

등기부등본의 구성

등기부등본은 크게 표제부, 갑구, 을구의 세 부분으로 구성되어 있다.

표제부에는 집의 소재지, 건축 연도, 집 층수와 층별 면적 등 집에 대한 기본 정보가 담겨 있다.

갑구는 집의 소유권에 대한 정보가 기재되는 부분이다. 집 소유주가 최초에 누구였으며 어떤 사람을 거쳐 현재 집 소유주가 누구인지의 이력을 고스란히 담고 있다. 권리자 및 기타사항이라고 적힌 칸을 보면 되는데, 가장 마지막 부분에 있는 사람이 현재 소유자이다. 만약 공동 소유의 집이라면 공유자라고 나오고 각자의 지분이 표시되어 있다.

갑구에는 소유권이 누구에게 있는지가 표시되어 있을 뿐 아니라 소유권의 제한도 표시된다. 예를 들어 갑구에 가등기, 가처분, 예고등기, 가압류, 압류, 경매 등의 표시가 살아 있다면 소유권 관련 분쟁의 소지가 있다는 뜻이므로 가능하면 거래하지 않는 게 좋다.

을구는 소유권을 제외한 권리 관련 사항이 기재되는 부분이다. 이 부분을 보면 집을 담보로 빚을 얼마나 지고 있는지를 확인할 수 있다.

만약 등기목적 항목에 '근저당권설정'이라고 기재되어 있다면 은행에서 집을 담보로 돈을 빌렸다는 뜻이다. 돈을 빌린 사람이 원금과 이자를 갚지 못하는 경우를 대비해 은행이 원리금만큼 저당을 잡는데, 이를 '근저당권'이라고 한다.

권리자 및 기타사항 칸에는 빚의 액수가 얼마인지와 근저당권자(돈을 빌려준 은행)가 적혀 있다. 여기에 적힌 채권최고액은 은행이 돈을 빌려줄 때 저당 잡는 금액인데 보통 빌려준 원금의 120% 정도로 설정한다. 은행이 1억 원을 빌려준다면 채권최고액은 1억 2천만 원이 된다. 이처럼 은행이 채권최고액을 실제 빌려준 돈보다 많은 120% 정도로 설정하는 이유는 혹시 있을 수 있는 이자 연체, 경매 비용 등에 대비하기 위함이다. 한 푼도 손해 볼 수 없다는 은행의 원칙을 엿볼 수 있다.

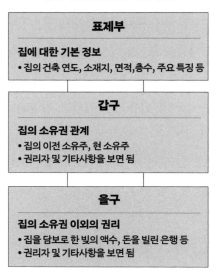

등기사항전부증명서의 구성

표제부

집에 대한 기본 정보
• 집의 건축 연도, 소재지, 면적,층수, 주요 특징 등

갑구

집의 소유권 관계
• 집의 이전 소유주, 현 소유주
• 권리자 및 기타사항을 보면 됨

을구

집의 소유권 이외의 권리
• 집을 담보로 한 빚의 액수, 돈을 빌린 은행 등
• 권리자 및 기타사항을 보면 됨

만약 집주인이 은행에서 빌린 대출을 상환하지 못하면, 은행은 해당 집을 경매에 부쳐 팔아버리고 대출금을 회수한다. 따라서 집이 경매를 통해 팔린 금액이 채권최고액을 상환하고 충분히 남지 않는다면, 전세 보증금 전체를 다 돌려받지 못할 수 있다.

을구에 '전세권 설정'이라고 기재되어 있는 집도 있다. 임차인이 전세를 사는 세입자라는 사실을 기록한 것이다.

전세권이 이미 설정되어 있다면 본인보다 먼저 임대를 계약한 임차인이 있고 변제 과정에서 본인의 순위가 해당 임차인보다 밀린다는 뜻이다. 권리자 및 기타사항을 보면 임차인의 전세

보증금이 얼마인지 기록되어 있다.

각 등기는 등기한 순서대로 순위번호가 매겨지며 이 번호가 권리의 우선순위를 나타낸다. 먼저 등기한 것이 선순위가 되는데 후순위는 우열에서 밀려 채권 전액을 상환받지 못하는 상황에 놓일 수 있다.

빚이 있는 집은 무조건 피해야 할까?

임대 계약을 할 때는 가능하면 근저당권이 없는 집이 좋지만, 사실 그런 집을 찾는 게 현실적으로 매우 어렵다. 그리고 빚이 있는 집이라고 해서 무조건 피할 필요는 없다. 빚이 적다면 집을 매도해 받은 돈으로 전세 보증금을 내줄 여력이 충분하기 때문이다. 그렇다면 어느 정도의 빚까지 괜찮은 걸까?

이를 일률적으로 말하기는 어렵다. 전문가들은 전세 보증금과 빚이 집값의 80% 정도를 넘으면 계약을 피하라고 권한다. 기준치를 집값의 100%로 하지 않는 이유는 부동산 경기가 좋지 않아 집값이 하락하는 경우를 대비하기 위해서다. 다만 부동산 시장의 침체가 매우 심각한 시기에는 집값이 절반 수준으로까지 떨어지는 경우도 있음을 명심할 필요가 있다.

위험한 집의 기준: 채권최고액 + 전세 보증금 > 집값의 80%

만약 전세를 얻으려는 집에 나 말고도 다른 세입자가 있다면 내 전세 보증금뿐 아니라 다른 세입자들의 보증금까지 모두 합해야 한다. 채권최고액이 2억 원인데, 그동안 빚을 많이 갚아 실제 남은 빚이 몇천만 원이라고 하더라도 앞의 계산에서 채권최고액 그대로 더하는 게 좋다. 집주인이 채권최고액 범위 안에서 언제든 다시 돈을 빌릴 수 있기 때문이다.

건축물대장도 봐야 할까?

전·월세 계약을 맺으려는 대상이 아파트, 연립주택 등이라면 집의 호수를 착각하는 문제가 간혹 발생한다.

이를테면 반지하의 집을 계약하면서 B101호로 전입신고를 했는데 실은 101호였다면, 자칫 보증금을 한 푼도 돌려받지 못하고 살던 집에서 쫓겨날 수가 있다.

이런 불행한 일을 피하려면 자신이 계약하려는 집에 대한 정확한 정보를 확인해야 한다. 이 목적에서 보는 게 건축물대장이다. 물론 집에 대한 정보는 등기부등본에서도 확인할 수 있는데, 여기에 기록된 집의 층수, 용도, 면적 등의 출처가 건축물대장이다. 건축물대장이 원본인 셈이다.

건축물대장에는 그 건축물의 용도가 무엇인지, 불법 건물은 아닌지 등이 기록된다. 만약 불법 건축물이라면 보상받지 못한

채 강제로 쫓겨날 수 있다. 이러한 사태를 예방하고 정확한 정보를 확인하려면 등기부등본은 물론이고 건축물대장도 함께 들여다보는 게 좋다.

돈의 흐름이 읽히는 가장 쉬운 경제 공부

경제머리가 필요한 순간

1판 1쇄 인쇄 2024년 2월 14일
1판 1쇄 발행 2024년 2월 21일

지은이 한진수
펴낸이 고병욱

기획편집실장 윤현주 **책임편집** 김경수 **기획편집** 한희진
마케팅 이일권, 함석영, 황혜리, 복다은
디자인 공희, 백은주
제작 김기창 **관리** 주동은 **총무** 노재경, 송민진

펴낸곳 청림출판(주)
등록 제2023-000081호

본사 04799 서울시 성동구 아차산로17길 49 1009, 1010호 청림출판(주)
제2사옥 10881 경기도 파주시 회동길 173 청림아트스페이스
전화 02-546-4341 **팩스** 02-546-8053

홈페이지 www.chungrim.com **이메일** cr1@chungrim.com
인스타그램 @chungrimbooks **블로그** blog.naver.com/chungrimpub
페이스북 www.facebook.com/chungrimpub

ⓒ 한진수, 2024

ISBN 978-89-352-1452-5 03320